小学体育协同教学

曹 忠 著

·南昌·

图书在版编目(CIP)数据

小学体育协同教学 / 曹忠著. — 南昌：江西教育出版社, 2020.12

ISBN 978-7-5705-1911-8

Ⅰ.①小… Ⅱ.①曹… Ⅲ.①体育课－教学研究－小学 Ⅳ.① G623.82

中国版本图书馆 CIP 数据核字 (2020) 第 105828 号

小学体育协同教学
XIAOXUE TIYU XIETONG JIAOXUE

曹 忠 著

江西教育出版社出版

(南昌市抚河北路 291 号　邮编：330008)
各地新华书店经销
江西省和平印务有限公司印刷
700 毫米 ×1000 毫米　　16 开本　　12 印张　　字数 167 千字
2020 年 12 月第 1 版　　2020 年 12 月第 1 次印刷
ISBN 978-7-5705-1911-8
定价：38.00 元

赣教版图书如有印装质量问题，请向我社调换　电话：0791-86710427
投稿邮箱：JXJYCBS@163.com　　电话：0791-86705643
网址：http://www.jxeph.com

赣版权登字 -02-2020-269
版权所有　侵权必究

序一 推开门后的新发现

——为"组块教学·智慧教师研修书系"而作

今天清晨,降温了,很舒适,我的心情颇好。坐在窗前的书桌上,我翻阅苏州吴江盛泽实验小学(简称盛泽实小)的书稿——"组块教学·智慧教师研修书系",心情甚好,在舒适外,还有很多的惊喜,像是吹来一阵阵凉风,送来一股股清新的空气,读着书稿,似乎我也生长了一些智慧,因为智慧是对情境的认知、辨别和顿悟。而盛泽实小的教师研修书系,本身就是一种情境,这一情境特别真实、丰富和生动。

还有另一种感觉,那就是读盛泽实小的教师研修书系,像是推开了一扇门。尽管我不知多少次走进过盛泽实小的校门,但是,这次感受不同。书系这扇门,更宽敞,更明亮,更宏大,也更灿烂。这扇门是文化之门、思想之门、智慧之门,它虽是抽象的,却也是丰富的,因为日常所有的生活都凝结在一起,折射出盛泽实小教师们的情怀、哲思,以及在他们耕耘着的田野上飘逸着的文化。这扇门是开放的,却也是需要推开的。轻轻推开,才会在一刹那有了新的发现与感悟,原来,推开门就是打开边际,才能听到"边际"上的对话,触及学校的"内在秩序",感受"在一起"的力量,盛泽实小的书系又一次唤醒了我的耳朵,让我倾听那美妙的旋律。

不妨把盛泽实小教师研修书系看作是教师的"人间词话"。于是,王国维所辑词话的三重境界浮现在我的眼前:"昨夜西风凋碧树。独上高楼,望尽天涯路。""衣带渐宽终不悔,为伊消得人憔悴。""众里寻他千百度,蓦然回首,那人却在灯火阑珊处。"盛泽实小人已用书系搭建了这三重境界的阶梯,向着那境界攀升,书系也正是这三重境界的真实写照。在这个时代,我们的教师,我们的学校需要有自己的"词话"。

推开门,首先看到的是校长薛法根,因为他总是站在"校门口"——学校的前端和高处。说到盛泽实小,薛法根是一个绕不过的人,因为有了薛法根,才有了今天的盛泽实小,才有了这一书系。站在校门口,我最想说的是一句老话:一个好校长可以成就一所好学校。的确,历史与现实不止一次地证明,一个好校长之好,在于他和教师们一起创造了学校的文化,恰恰是文化上的进步,才使学校迈向自由的境界;好校长之好,还在于他让教师成为创造者,而教师又去创造课程、创造教学、创造学校、"创造"学生。薛法根的确是一个好校长,他是伟大的。帕克·帕尔默说:"伟大的事物,不在别的,而在于主体,在于自己。"薛法根用他所坚守的智慧教育理念建构了学校的核心主张,用他所坚守的语文组块教学指引了学校的课程改革、教学改革;"组块"已成为结构、关联、融通、跨界学习的代名词,成为学校课改、教改的核心理念。依我看,薛法根用自己的情怀,用自己的智慧,用自己的行动,诠释并践行了"教师第一"的理念与思想。薛法根是好校长,是名校长,是智者,我们应该向他致敬。

推开门,还应该说点"新话","新话"是教师们在书系里的所思所言,所彰显的是教师发展的理念和主张,其实这些"新话"都是在老话中生长起来的。

"组块教学·智慧教师研修书系"告诉我们,首先,教师发展源自生命,教师发展是为了丰盈生命,提升生命的价值与意义。教师发展的"第一动力"应是内生力,是生命的创造力。丰盈的生命和心灵,激发教育的新发展和真学问的出现。书系为教师开辟了一条新路,那就是视野要广,格局要大,格调要高,境界要高。王国维说:"有境界自成高格。"换个角度看,生命力源自对价值的认知、澄清与选择,用书里的话来说,就是要寻找自己的边际,建构自己的价值坐标,让价值照耀自己的天空。

其次,教师发展源自宗旨,宗旨犹如人生和教学的指南针。教师离不开学科,离不开教学,学科教学是教师发展的基地,甚至可以说是教师发展的摇篮。盛泽实小的教师们非常清楚,发展自己、提升自己,是为了学生,并且与学生共同成长;而学科的宗旨是育人,学科育人、教学育人是教学的指南针,也是教改的准绳。这一宗旨催生了教师的使命感。盛泽实小的教师对学科育人有自己的理解,那就是要明晰教学的"内在秩序",教改的深意在于重建学科教学的"内在秩序"。指南针也好,准绳也罢,使命也好,"内在秩序"也罢,盛泽实小有自己独特的表达:组块教学,以及由组块教学所引发的联结性教学。他们已基本上寻找到学科育人的校本化实现方式,正是在这样的过程中,教师的发展得以优化。

再次,教师发展的深度源自研究、实验与提炼。这一书系让我特别有感觉的是,每一本书都有一定的深度,理性思考的水平明显提升。深度从何而来?书系告诉我们,其一,要坚守实践。永远不离开"田野",永远扎根在大地上,从丰厚的实践土壤里汲取营养和力量。其二,要研究。"笔尖下的教育生活"要研究,多觉联动音乐教学要实验,综合实践活动也需要探索。有研究,才会有深层次的思考。在盛泽实小,研究已成为教师们学习、工作的方式,这真是可喜可贵。其三,要总结、概括、提炼。从经验感悟走向理性思考,从实践走向理论,从散状走向结构,走向体系建构。他们注重在感性的基础上加以梳理、概括和提炼,概括是有序、有效的,提炼是有深度和力度的。这一书系就是一个极好的典型。值得注意的是,盛泽实小的教师从不同的角度去认识、剖析"伙伴与伙伴德育",尤其是对道德学习、对话世界做了有深度的提炼。研究性、学术性明显加强,与此同时,他们探索了伙伴德育的不同途径和方式,发现了"在一起"的力量。这一研究前景很好。

最后，表达方式上的多样化，使书系显得亲切、丰富，阅读时犹如与作者促膝谈心，又犹如聆听一次倾诉。美国伦理学家麦金太尔说："人在他的虚构中，也在他的行为和实践中，本质上都是一个说故事的动物。"而赵汀阳认为，文化就是一个故事。读着书系里的故事，一个个活生生的有内涵的教师站在我面前，故事里透射出来的哲思，令我好感动啊！向盛泽实小的教师致敬。

"新话"是创新、创造后的言说，言说源自心灵的感悟。美丽的心灵，带来推开门后的一片风景、一片思想的丛林、一片更加美好的开阔地。我最想说的是：盛泽实小，你好！

成尚荣

2019年9月19日

序二　行走在协同路上的探索者

初识曹忠是在2012年无锡一次省级教研活动中,他给人第一感觉是话语不多,但很好学。

"协同"是曹忠在各级教研活动中经常提及的一个词语。什么意思?他说这是他研究了多年的课题——"协同"教学,就是两个或两个以上的教师共同对同一学生群体的教学负责。起初,我对他这一教学模式持有不同看法,但近来,他的理解又有所变化。"协同"不仅仅是一种教学方式,更是一种教育理念,就是基于对新的体育课程标准的解读与把握,深入研究体育学科的核心——体育课程及教学内容序列,去破解体育教学的"高耗低效"顽症。也许是他说得多了,做得多了,让人产生了这样一种感觉——他的人也变得和谐(协同)了。

不信!请看——

从与曹忠多次的交谈中,我发觉他在教育中曾经"兜"了一个大圈子。青年时的曹忠,曾经作为吴江盛泽实验小学最高学历者进入工作单位,在一群中师毕业生中,这位毕业于苏州大学体育系的专业生,无疑是"鹤立鸡群"的。面对教育局的调配,他有一种"屈就"的感觉。经过学校领导的开导,他积极调整了心态,慢慢开始崭露头角,在吴江市(今吴江区)"百节好课"比赛中脱颖而出。再加上他受过良好的高等教育,在"教科"方面有一定的特长,他立即被作为典型得到了培养——"当官了"。随着行政工作的繁忙,他的重心似乎偏离了体育课堂教学。再加上"聪明人"的"活脑筋",他先后担任了教导处、德育处、教科室、后勤部门的主任。在一段不短的时间内,他在业务方面的能力都没有得到提高。

后来,学校后来者在业务上慢慢超过了他,年近四十的他感到了压力。作为一名副校长,在业务上不出众,是成不了一名内行的管理者的。于是,不知从哪一天开始,曹忠变了,在他的公文包里总会装着一本教育专著。他热衷于做课题研究了,一个个教育专用名词会不自觉地从他口中蹦出来。我问他为什么会发生这样的变化,他红着脸,笑笑说:"干了大半辈子教育工作,回过头来看看,体育课堂教学才是自己的'根'。再说,作为一名教师,你不研究教学,研究学生,会走偏路的……"

我觉得曹忠明白了,生活和教育本来就是"协同"的,虽然他绕了一个圈,但是幸运的是,他没有回到"原地",而是把之前走过的路作为一种经验、一种教育的底蕴积累了起来,所以,这也是一种螺旋式的进步吧!

不相信?他是这么做的——

吴江盛泽实验小学位于江苏的最南端,我多次去做过工作调研,在他们的学校有很多有专长的体育教师:有的教师擅长羽毛球,是省队退役的选手;有的教师街舞跳得特别出色;还有的教师专修篮球……作为省级学生体质监测点校,在一次吴江区级组织的学生素质测试中,他所在学校学生的综合素质在全区却处于中下水平。那里的学生家庭条件并不差,教师的教学能力也不低,学校的教学条件和教学制度在江苏省也是领先的,可是为什么教学的效果并不理想呢?作为一名管理者的他,经过反复的调研,发现问题出在了教师专业上的高水平并不能适应体育教学的全面需要和学生素质的全面发展。该如何改变这个现状呢?曹忠组织了专题研讨,邀请了数位高校专家和教学名师进行体育教学专家"会诊",最终提出了"协同教学"改革方案。这让一所乡镇小学的体育课堂教学有了自己的教学模式和教学主张。课堂教学活跃了,练习密度提高了,学生的身体素质自然就有了显著的改善。

专业的教师,更加有利于学生的专业提高。盛泽实验小学的女篮、轮滑、田径等项目已经在吴江小有名气了。为将学校竞技体育水平提升,曹忠向学校领导提出:"办体校,办青少年体育俱乐部!"凭着体育人的魄力,他在全区招生,到苏州招聘专业的教练,又联系上级单位寻求支持——这难道不是一种更大范围内的"协同"吗?在他的组织下,盛泽实验小学的"体校"办得红红火火。学校女篮队员不仅获得了全省第一名,还获得了全国U13冠军。

2013年,曹忠承担了桥北校区的行政管理工作。他不仅要管体育工作,还要管其他方方面面的工作。有了一个校区,给了他一个更大的实现学校体育理想的平台。他多次与我讨论学校整体体育的设计与开展,他认为体育教学更重要的是让孩子发现体育的美、感受体育文化,比如科技体育、趣味田径、三字经韵律操……他有一个理想,要把体育文化融入大教育中去。

你看,曹忠"协同"的步子越迈越大,这难道不是"协同"的教育吗?

在教学上,曹忠对于协同的探索,由原来的形式走向对内涵的追求。

在体育教学中的确存在着这样的"流行"趋势:片面追求新媒体的运用,讲究教学手段的多样化,过分追求儿童的愉悦性……甚至会出现这样的现象:孩子在经过多种多样的游戏之后,身体都没有得到适度的锻炼。

必须将学生的体育核心素养和教学内容、教学目标和教学手段、教学效果和教学评价、教学背景和教学拓展"协同"起来,这样才能真正提高学生素养,而这才是有深度的"协同"教学。

于是他的课堂有了这样的进步,课堂个性化教学越来越彰显:

根据素养设定教学内容。这种素养不是单一素养,而是综合素养,是身体和心灵、技能和人文的统一。只有目标定到位了,教学内容才能直指学生素养。

根据内容设定教学方法。学生的训练要到位,必须设定合适的活动,这是课堂的落脚点,只有这样的训练才能让学生获得切实的发展。例如,在投掷训练中，教师必须让学生认识到主要由哪块肌肉"用功"，哪些肌肉协调，如何抓好出手的时机；在平衡训练中，教师可以采取哪些相似的训练方式，如何运用学生熟悉的经验；等等。在一次乒乓球教学中，一位学生归纳老师的拉弧线球姿势像"敬礼"，这样形象的比喻，让学生很快掌握了复杂技巧。

根据方法设定环境。课堂中如何相互管理，怎样取长补短，需要人与人、物与物、时间与时间的协同，这样才能提高教学的效率。

根据效果合理评价。教师要善于发现学生的优势，让学生获得最大可能的发展，减少不必要的行为。这是需要教师的观察和智慧的，哪些学生需要适可而止，哪些学生不妨加深难度……只有如此，才能发现学生的体育智商。

"简朴、扎实、有效"——这是我体会到的曹忠的教学风格，我觉得他的风格是能够落实到每个教学细节的，是能够被教师和学生所操作的，也许这是一种比较成熟的风格吧。

再来看看曹忠的"协同"趋势，我发现他在做大"协同"。

在教学上，他在做人、事、物的协同，教学理念和教学方法的协同，学生素养和教学目标的协同。正是有了这样的协同，他的教学也才有了深度。

在教育工作中，他在做美育、德育、智育、体育的协同，学科教学的协同，校内工作和校外工作的协同，用他的话来说，这样工作轻轻松松，可以有更多的时间去思考。

孟文砚

2019年6月

自序　为"知行能健"协同而教

我是一名来自江苏省苏州市吴江区盛泽实验小学教育集团程开甲小学的体育教师,1991年苏州大学体育系毕业,同年参加工作,至今,在乡镇小学的体育课堂教学一线工作了二十八年。在二十八年的体育教学实践中,我越来越感悟到"一个人独行可以走得很快,一群人才可以走得更远"这句话的内涵。每个人在成长的道路上都离不开身边伙伴的帮扶,不同的伙伴给了自己不同的成长经历,从个体到共同体,才是人类不断前行的步伐。就体育而言,它是一种运动游戏,但不应该是一种孤独的自我运动,应该是一种伙伴之间交互的共同体游戏。伴随着不断地自我成长,我对体育,特别是学校体育,有了方向上的认知,于是我在教学上开始了关于"协同"的探索,由原来的形式逐渐走向对内涵的追求。经过多年的探索,"为学生'知行能健'协同发展"的教学主张渐渐形成。在这一主张下,课堂个性化教学越来越彰显。

一、我的教学信条

我坚信,学校体育不只是身体的教育,也是学校教育的重要组成部分,其育人功能的价值体现不可缺失,忽略"育"非完整体育。体育更应该是教育,应该是有知识、有技术、有规则、有健康的游戏。体育可以让青少年学会自立自强,学会如何尊重规则,学会如何建立团队精神。体育不仅仅是一种简单的健身活动,更应该是人与人之间从个体到共同体的一种交互。学生在交互中可提升交往能力,学会团队合作,增强心理承受能力,所以,需要在学习共同体中进行交互协同学习。

　　体育更应该是生命的教育，体育使人的生命更有保障、更有意义。体育活动中学生从个体参与到共同体中的安全教育、规则遵守、交互协同以及体育本身的健康教育都是生命的教育。通过体育教育，学生拥有强健的体魄，积极向上的心态，可以助其实现梦想，让人生更有意义。

　　体育是永远无法忽略的学科教育。体育促进健康，忽略体育等于不敬畏生命。体育完善教育，忽略体育等于不重视"五育"中体育的意义。体育健全人格，忽略体育等于不深入挖掘立德树人的学科意义。体育增强国力，忽略体育等于不晓得国家强大后的意义。青少年是国家的未来，民族的未来，培养"五育"并举的学生，需要协同而教，协同而育。

二、我的教学主张——为学生的"知行能健"协同而教

　　人类的知识不是绝对的客观知识，也不是绝对的主观知识，而是"协同"的知识。协同指人与人之间多向的、持续的沟通过程。人类的知识是人类通过世世代代的相互协作共同建构的，个体知识的发展也是在众多人的贡献与协作之下促成的。

　　体育学科核心素养的三个维度"体育精神、运动实践、健康促进"指向六个要素"体育情感、体育品格、运动能力、运动习惯、健康行为、健康知识"。三个维度六个要素的结构体系是完整的，在教育教学中我们应该做到"情品双育""能习相随""知行合一"，就是要让学生在"知行能健"上交互协同。

　　"知"，是知识与认知。它是学生需要掌握的体育文化与健康、安全必备知识，能提高运动认知水平。它有利于学生提升文化自信、做到科学锻炼，促进自身身体健康。

　　"行"，是行为与品行。聚焦体育锻炼与健康可促进行为的完善和品行的提升。通过学习让学生养成锻炼习惯，从而具备良好的道德风貌。

"能",是技能与体能。综合体现于运动能力。在实践中的奔跑、滚翻、障碍跳跃、篮球比赛、游泳等运动的这些能力都涉及体能与技能。

"健",是健康与健美。它是体育增强体质、增进健康、体态健美的价值所在,蕴含"天行健,君子以自强不息"的精神。

"知行能健"不是个体可以发展的,需要在一个共同体中得到发展。"协同的知识"是由众人协同建构的,而个体的知识也是由众人协同促成的。从某种程度上讲,协同是人类发展的内在范式。

从学习的本质上来讲,协同学习是最能抵近学习的真正内涵的。什么是"协同学习"？这里的"协同"有"合作""协作"之意。"合作"被视为在集体内成员之间同时达成目标的交互作用。"协同"是以成员之间的异质性、活动的多样性为前提,通过与异质的他者交互作用而形成的活动状态。就课堂教学而言,它是指每一个拥有固有的学习经验与生活经验而集合起来的儿童,以多样的教学参与为前提,共同分享认识的活动状态。

协同学习的本质是一种互惠学习,理由:人在生成经验、重复经验的过程中,形成任何状况下都能运用的抽象、概括的知识(图式),在同异质的他者交互作用为前提的"协作学习"中,通过接触众多个人的图式,其个人的图式不仅是量的增加,而且可以期待在质上的多样性。

协同学习,在数名伙伴从事一个问题解决的场合,可以观察他者的问题解决过程,由于视角与思考方式的不同,能够在某种程度上加以客观的把握。就学习者个人而言,也可以经历细致地检查自己思维的过程。因此,协同学习中的知识建构,由于成员之间的多样性,会使学习者发现不同于个人内在的知识建构的模式,从而产生更高的效率。

协同学习范式具有多种理论支撑,如最近发展区理论、发布认知论、正统周边参与论、认知学徒制理论、协同学习论、多元智能理论等。

所以,学生的协同学习和教师的协同教学应该是其在成长过程中的一

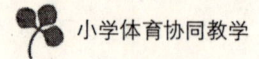

种学习样式。

三、我的教学风格追求——简约、扎实、有趣、有效

教学风格是指"教师在科学的教学理论指导下,通过长期教学实践的探索和追求逐步形成的,并通过完美的体育教学活动,在教学观点、教学方式方法、教学技巧、教学作风、教学效果等方面综合体现出来的、稳定的、具有独特个性的教学特点与审美风貌"。"为学生的'知行能健'协同而教"的体育课堂协同教学,在教学内容的协同优化模式、教学协同模式、评价多元模式下,就需要体育教师形成"简约、扎实、有趣、有效"的教学风格。

体育课堂教学是一项系统工程,围绕传授的运动技能技术,需要教师确定教学目标,选择教学内容,制定教学方法……这就要求教师把复杂的工作简单做,把所选的教学内容、确定的教学目标和教学方法、手段以及可能出现的教学效果与教学背景及教学拓展"协同"起来,做到体育核心技术技能突出,教学方法简便易行。

众所周知,体育课堂教学离不开器材的使用,如何在一节有限的课堂教学时间里,根据教学目标、教学内容合理利用好器材、场地?协同教学倡导的是"一物多用,物尽其用",不频繁更换器材,让学生用得顺手、熟练。课堂教学看似简朴但不失厚重,课堂各环节流畅扎实,学生活动要有趣,教学效果要有所得。

四、我的教学样式——体育协同教学

课堂的关键是使师生、生生从个体走向共同体。体育课堂协同教学就是通过个体学习到共同体学习,伙伴以互助、互帮、互学、互思形式参与到共同体中,让课堂中的每一人都能充分发挥出个体的专长,通过互惠学习,在与异质的他者交互作用中形成一种学习的活动状态。课堂教学中,让数名

伙伴同时从事一个问题的解决,在问题解决中相互观察他者的问题解决过程,从不同的视角与思考方式上检查自己的思维过程。在协同教学中,由于伙伴间的知识建构的多样性,每一个学习个体都会发现并感悟到不同于自己内在的知识建构的模式,从而产生更高的学习效率。

协同教学的另一个特性是改变目前课程存在的学科本位、学科割裂,通过整合去实现课程结构的均衡,把不同类型、不同性质的事物组合在一起,使之成为一个整体。小学体育课程的培养目标不能仅仅局限在强身健体,更重要的是学科育人。围绕体育学科的核心素养目标,协同教学可以更好地培养学生的综合能力。通过伙伴间的相互协同,教师从协同教学入手,变革体育学科的教学方式:整合生活,让体育世界与生活世界协同;整合综合实践,让健体与探究协同;整合学科课程,让教学与教育协同。树立大课程观,从育人角度出发,把各学科间具有的共性"恰当地整合",这是体育协同教学的基本原则。

五、我的课堂教学呈现与突破

教学样式呈现主要有三:一是学习伙伴组队建构,即个体学习到共同体学习样式的转型;二是大课程观下的跨学科整合协同;三是教学活动与生活实践的协同。

"无体育不教育",体育作为教育不可或缺的一部分,根本任务也是在体育中立德树人,所以在体育教学中要树立大教育观、大体育观、大课程观。通过跨学科的协同教学,全面发掘体育课程育人作用,为学生今后走向社会,享受健康、充实的人生打好坚实的基础。

在社会新的发展、人才新的培养需求下,体育协同教学可以在几个方面进行新的突破:一是课程意识上的再唤醒,认识到跨学科进行体育课堂协同教学是践行全面育人的必由之路。分科教学致使学科之间壁垒森严,已经不利于单学科育人作用的发挥,所以要从转变观念入手,深刻认识体育课程跨学科协同的必需和必然;二是各学科价值上的新发现,让体育与其他课程"做乘法",进行跨学科的协同,把体育与其他课程的协同目标定位于"小立课程、大作功夫",挖掘出体育跨学科协同育人的最大价值:立德、启智、辅美、育心;三是多资源的大整合,通过有机渗透、任务驱动、主题统整等策略,以嵌入式、延伸式、缝合式、涨落式、重组式等多种方式寻找到跨学科之间的大协同内容元素。这种协同并不是简单的各学科知识组合,而是在体育与其他学科之间去寻找育人的联结点,然后建立有意义的联系,让课堂教学在"协"与"同"上全面育人。

六、我的教学影响

在"为学生的'知行能健'协同而教"的教学主张下,团结学校教师,扎实推进课堂教学,协同学校群众体育发展,学校先后并评为全国群众体育工作先进单位,江苏省体育工作先进单位,全国青少年足球特色学校,全国青少年篮球特色学校,中国轮滑示范学校,江苏省体育项目传统学校。并获得了学校小女篮全国U13总冠军,多次获江苏省体育传统项目冠军,输送多名运动员进入省队、国家青少队。

"简约、扎实、有趣、有效"的教学风格追求影响了一批年轻教师,在我的示范引领下,近几年来有多名教师发展并成长为苏州市、吴江区级骨干教师,我指导培养的周锦获得苏州市体育学科带头人称号、沈卫英获得吴江区体育学科带头人称号;指导钱明获得江苏省小学体育教师基本功比赛二等奖;指导蔡茂华、马进、陈虹等教师多次开设省级公开课。同时,作为吴江区体育学科课程研究中心组核心成员,我多次在区内开设公开课并举办讲座,把全国、全省最新的教学理念及个人的教学主张与全区教师分享,积极策划并推进课堂教学与学生体质提升的研究工作,使区域内的课堂教学逐渐走向"真实、新颖、实效",为区域内的体育课堂教学、学生体质健康的提升尽自己的一份力量。

在指导青年教师的同时，我自2016年10月以来，在全国范围内上示范课一次、江苏省级示范课三次、苏州市示范课与讲座五次、区级示范课与讲座八次。

"简朴、扎实、有趣、有效"的体育协同教学样式在《江苏教育》"呼唤名家"专栏、《江苏教育研究》"人物"专栏及"全国学校体育联盟"官方网站得到宣传并推广。

七、我的教学成果

在"为学生的知行能健，协同而教"的体育协同教学主张下，近几年我在六项课题研究中取得了一些成果：2012年申报的"基于学生体质健康促进的体育组块教学研究"被立项为江苏省学生体质健康促进研究中心课题，2014年1月已结题；2013年申报的"在组块教学理念下小学体育课堂协同教学模式的研究"被列为江苏省教育科学规划立项重点课题，并于2017年5月结题；2013年11月，指导并协助兄弟学校申报的"基于学生经验的初中体育组块教学研究与实践"被苏州市教育科学规划办立项，2015年12月已结题，同年，该课题滚动申报为江苏省教育科学规划课题；2012年2月，"新基础教育实施背景下，体育校本教材开发与研究"立项为苏州市教育科学规划课题，2015年5月已结题；2017年3月，"综合读写，小学生深度学习方式的研究"立项为苏州市教育科学规划课题。

通过课题研究与教学实践，近几年我撰写了十余篇论文，其中《全面育人理念下的小学体育跨学科协同教学》发表于中文核心期刊《中小学管理》；《体育协同教学模式及其实践策略研究》获第十三届全国学生运动会论文科学报告大会二等奖，江苏省教育厅以文件形式认定等同核心期刊发表；《小学体育协同教学模式研究》发表于《江苏教育研究》；《论武术教学在学校体育教育中的协同效应》发表于《青少年体育》；其余多篇论文分别发表于《中小学教育》《吉林教育》《江苏教育》《课程教育研究》《新课程导学》等省级以上期刊。

我已获得的奖项有：2014年参加江苏省小学体育与健康课程优秀教学设计评比活动获得一等奖；2015年参加江苏省小学体育与健康优秀课评比获得一等奖；2016年参加江苏省"杏坛杯"苏派青年教师课堂教学展评获得一等奖；2017年参加省级"一师一优课"评比获得省级优课；2019年参加江苏省选拔第八届全国中小学优秀体育课展示活动获得一等奖。

同时，我被苏州市人民政府记功表彰，并评为吴江区名教师、苏州市中小学学科带头人、苏州市群众体育工作先进个人、苏州市优秀教育工作者、苏州市青少年体育工作先进个人、苏州市学校体育工作先进个人、江苏省学生体质健康促进工作优秀个人，担任江苏省教育学会体育专业委员会理事、吴江区学生体质监测站副站长，省市合作特级教师后备人才高级研修班学员，江苏省"领雁工程"农村领军校长培训班学员。

在各方的关怀帮助下，2016年，我被列入苏州市与江苏省合作培养特级教师后备人员名单并参加学习。在进一步开拓教育教学视野的同时，自己倍感今后的教育教学道路充满希望与挑战，也更加坚信：教师生涯的源泉在课堂，无论从事什么岗位，课堂教学始终是我不能离开的地方。唯有在课堂与学生在一起，才能让教师自己不断成长；唯有不断提升自身的专业素养与能力，才能更好地与学生在一起。在今后的教育教学工作中，我将不断修订自己的阶段发展规划，加强学习，特别要改进与深入在儿童认知领域方向的研究，努力让自己成长为江苏省名师，让自己的成长陪伴学生的成长！

曹　忠

2019年6月

目 录

第一章　协同体育的背景与价值……………………………………001

　　第一节　素质教育的呼唤………………………………………002

　　第二节　体育协同教学的现实意义……………………………006

　　第三节　实施体育协同教学的基础与条件……………………008

　　第四节　体育协同教学的全面育人功能发掘…………………015

第二章　体育协同教学的内涵与特质………………………………021

　　第一节　体育协同教学的内涵…………………………………022

　　第二节　体育协同教学设计的整体性…………………………030

　　第三节　体育协同教学互动区域的包容性……………………038

　　第四节　体育协同教学的整合性………………………………042

　　第五节　体育协同教学管理的动态性…………………………046

　　第六节　体育教学与学校、家庭、社会的协同…………………049

第三章　体育协同教学的类型和路径 …… 063

第一节　体育教学与德育的协同 …… 064

第二节　体育教学与语文教学的协同 …… 071

第三节　体育教学与数学教学的协同 …… 075

第四节　体育教学与英语教学的协同 …… 080

第五节　体育教学与地理教学的协同 …… 084

第六节　体育协同在武术教学中的效应 …… 089

第四章　体育协同教学的校本研究 …… 095

第一节　一课三磨,实现教师间的协同 …… 096

第二节　体育协同教学课题研究设计与论证报告 …… 102

第三节　体育课堂协同教学模式研究 …… 108

第五章　体育协同教学案例 …… 143

第一节　"30米障碍跑"教学设计、教案及课堂实录 …… 144

第二节　"越过障碍掷准"水平三(五年级)教学案例 …… 152

第三节　"冲刺/跨栏/绕杆接力"教学案例 …… 154

第四节　"跳跃:双脚连续向前跳(二年级)"及校本教材"轮滑:单蹬双滑、接龙游戏(四年级)"磨课实录 …… 158

参考文献 …… 165

后记 …… 167

第一章
协同体育的背景与价值

素质教育中,体育教学不仅要更新指导思想,还要切实提高学生对体育学习的主动性,促进学生的自主锻炼及学习能力提升。小学体育教学必须加强教学方法的创新,改变以往单纯向学生传授理论知识的传统教学模式,让学生在相对宽松快乐的氛围中进行体育锻炼,提高学生的身体素质。

小学体育教学是学生进行体育锻炼、学习体育运动知识技能与增强体质的主要途径。而体育教学方法的选择在很大程度上影响着教学效果,素质教育背景下,小学体育教师应认真研究运用新的教学方法,培养学生体育运动兴趣,提升体育课堂教学效果,增强学生的体质。

第一节 素质教育的呼唤

一、小学体育在素质教育中的意义

素质教育是针对应试教育提出的新的教育思想,素质教育是利用遗传、环境及教育的积极影响,对学生已有发展水平及发展潜力做准确判断,充分发挥学生的主观能动性,使学生在原有的基础水平上得到进一步的发展提升。其中包括先天遗传素质及主体发展与教育因素的现实素质。素质教育是一种新的指导思想,是适应社会发展与改造社会现状的全面的理念。实施素质教育是提高受教育者素质与培养新世纪人才的要求,是现代社会个体发展必须接受的基础教育形式。

近年来我国大力推行实施素质教育,素质教育的实施对学校教学提出了新的要求,要求教师在教学中转变以往过于注重理论知识传授的教学模式,采取有效措施调动学生的学习兴趣。教师应让学生在体育学习中学会各种综合技能,实现教育的三维目标。素质教育要求教师在教学中采用合适的教学方法,激发学生的学习积极性,充分发挥学生在学习中的主动性,使学生养成良好的体育运动习惯。

素质教育的教学思想很早就深入到各发达国家的体育教学中,学以尊重学生、发展个性为目标,培养学生的社会人际交往能力等。我国传统体育教学普遍存在重技术轻理论,强调纪律性,忽视轻松和谐氛围的创设,往往采用单一陈旧的教学方法,缺乏灵活多样有效教学形式的运用。随着社会经济的发展,传统的体育教学模式无法满足社会对人才培养的要求,在体育教学观念、教学内容、教学方法及人才培养模式等方面相对滞后。如何构建面向新时代可持续发展的小学体育教学模式,主动适应人才培养的要求,是小学体育教学中面临的重大课题,具有紧迫的时代挑战性。

二、小学体育教学中的问题

小学生处于身心发展的重要时期,小学体育教学旨在让学生通过科学的体育锻炼,促进身心的健康发展。体育教学有利于增强学生的动手实践能力,体育运动锻炼有利于增强学生的体质。在体育集体活动中,学习能增强集体意识,形成共同合作、关心同学的道德品质,形成优良的坚韧品格,拥有开朗活泼的性格、积极乐观的人生态度。随着人们教育意识的提升,基础教育备受重视。素质教育要求在小学体育教学中根据学生的特点,有针对性地设计教学情境,采取有效的教学方法,充分调动学生的学习兴趣,从而提高学生的身心健康素质。

目前我国小学体育教学中普遍存在许多弊端,传统的教学模式无法适应素质教育对学生培养的要求。体育教学观念落后,教学方法单一陈旧,无法调动学生的学习兴趣,培养学生的体育锻炼意识,导致当前我国青少年体质水平逐年降低，十分不利于国家社会的进步发展。体育是学校教育的重要部分，对培养学生良好的体育运动习惯，促进学生的身心健康发展具有重要意义。因此，在素质教育背景下，我们必须重视小学体育教学的改革，积极探索有效的教学模式，提升体育教学效果。

长期以来，小学体育教学受到传统体育教学观念及应试教育制度的负面影响，大多体育教师往往片面强调体育知识与技能的传授，忽略了学生的个性发展，限制了学生的独立活动，忽视了学生体育能力的培养。传统体育教学模式违背了终身体育的思想，无法达到素质教育的要求。

现阶段小学体育教学大纲中很多内容强调传授运动技能，大多数活动项目缺乏使学生终身受益的内容，无法培养学生对体育运动的兴趣。教学内容安排通常选用田径、球类、体操等传统运动项目，很少涉及现代新兴的体育运动项目。

当前小学体育教学中体育教师仍沿用传统的讲授式教学方式，实践课的教学停留于讲解与示范，很少使用多媒体等先进的信息技术教学手段，一些情境教学法等新型教学方法没有得到使用，难以满足学生对体育学习多样化的需求，无法达到良好的教学效果。

三、小学体育素质教育教学策略

实施素质教育的关键是转变传统的教育观念。课程改革是全面实施素质教育的核心环节，教育主管部门的领导及学校领导与教师要转变传统体育教育思想，在体育教学中落实素质教育理念，在体育教学中重视学生综合素质的培养。教育行政部门应按照国家有关体育政策要求，增加对小学体育教育及运动器材的财政投入，保障小学体育教学活动的顺利开展，寻找社会中有利于体育教育的资源，缓解目前体育教学设施匮乏与教育需求增加的矛盾。

教育部《关于积极推进中小学实施素质教育的若干意见》对素质教育做出了明确解释:素质教育是依据《中华人民共和国教育法》规定的国家教育方针,以提高民族素质为宗旨,着眼于受教育者的长远发展,以培养学生的态度、能力,促进学生全面发展为基本特征的教育。素质教育的全面实施离不开社会与家庭的支持,学校、家庭与社会体育共同合力,是实行素质教育的新要求。

健康第一的指导思想突出学生的主体地位,家庭成员间相邀进行体育休闲等现象使学校体育与社会的界限逐渐模糊,学校与家庭、社会体育相互渗透,共同促进学生的身心健康发展。学校体育呈现多元化发展趋势。家庭成员一起参加体育休闲锻炼可以增加家庭的和谐度,良好的家庭氛围是孩子健康成长的基础条件。家庭体育是学校体育的催化剂,学校体育必须与家庭体育结合才能更好地实现素质教育的目标。学校体育与家庭体育、社会体育必须相互依托,实现融合发展,充分发挥各自资源优势,实现学校、家庭与社会体育的良性互动。

体育课程教学内容改革,必须符合小学生的心理与生理发展特征,使学生乐于积极参与教学活动。体育教学内容要体现出素质体育的实用性及趣味性。教师在教学中应设法为学生提供自主学习的机会,通过创设符合学生认知能力的情境,让学生在教师的引导下得到锻炼;组织班级学生分为若干小组,根据教学内容与目标要求,让学生自主选择准备活动内容,激发学生参与体育活动的兴趣。

小学阶段应注重对学生团队精神与合作意识的培养,素质教育要求通过合作的方式使学生获得自身的发展。小学生处于思想、心理发育尚不成熟的阶段,在学习中对教师有很大的依赖性,需要教师对其进行正确的引导。教师在教学中可以采用一些团队合作的体育项目培养学生的团结合作能力,通过集体体育活动,让学生明白相互协作的重要性,促进学生间相互交流，提升学生的合作意识。

体育教学具有竞争性、实践性及趣味性等特点，对学生的身心健康发展具有重要的促进作用。小学阶段要充分发挥体育教学的重要作用，教师必须结合学生的实际情况采取有效的教学方法，在教学实践中不断探索新的有效方法，切实提高体育教学质量。体育教学是学生素质教育的重要部分，是推进基础教育改革的重要内容。有效的体育教学，能使学生掌握全面科学的体育锻炼方法与技能，养成良好的体育运动习惯，从而增强学生的身体素质，促进学生的全面发展。

第二节　体育协同教学的现实意义

在全球化浪潮和"科教兴国"战略的时代背景下，随着我国对体育教学理论研究的持续深入，以及《义务教育体育与健康课程标准(2011年版)》的全面实施，近年来，有关体育教学模式的研究正逐步成为体育教学理论的研究热点之一，并呈多样化趋势。我校的体育课堂协同教学模式研究正是在这样的背景下，基于组块教学"走向综合，走向生活，走向运用，走向智慧"的核心理念，从课堂教学的实际出发，以协同教学为教学范式，以体育课堂协同教学的内容、结构、评价为主要教学研究内容，将"传授学生知识""培养学生能力""提升学生人格"三者有机融合，深入研究体育课堂教学实践，开展我校体育学科的教学改革，从而更好地破解体育教学"高耗低效"的顽症，提高体育课堂的教学效能。

一、有利于培养学生的综合能力，促进学生主体性发展

在体育协同教学模式的实践过程中，我们十分注重学生关系的协同，采用了诸如"互补合作学习"的形式，让学生通过小组合作的形式，相互讨论、各展所长，优势互补，探索解决问题的办法，有效地促进了学生领导能力、组织能力、协调能力、合作能力的提升。同时，学生之间的交流，也进一步提高了他们的沟通能力、表达能力、倾听能力。此外，体育协同教学模式摒弃了传统教学单纯以教师为中心的弊端，提倡师生关系的协同，这就营造了和谐轻松的课堂教学氛围，给了学生积极参与、平等参与的机会，使得学生个体的主体性得到了更好的表现和发展，突出了学生在学习中的主体地位。

二、有利于实现课程内容的组块化，提高教学内容的实效性

体育协同教学的课程内容组块化，又称为课程内容的"项群化"，即将具有某种共同体育技术技能为核心的学校体育教学内容，分成不同的"组块"或"项群"。例如，我们根据"蹬撑、低头、团滚动身"的滚翻技术技能，将前滚翻、后滚翻、鱼跃前滚翻等教学内容组成滚翻类教学版块；根据"蹬腿、转胯、快速出手"的技术技能，将推铅球、推实心球、掷垒球等教学内容组成投掷类教学版块；等等。

将体育教学内容组块化，突出了体育运动项目的核心技术技能教学和对学生体育核心素养的培育，促使形成体育学科的内、外部各种因素的综合协同效应，切实提高学生的体质健康水平、心理健康水平和社会适应能力，增强了体育课堂教学内容的实效性。

三、有利于提升体育教师的专业化程度，促进职业发展

体育协同教学模式主要在于通过改变体育教师的教学方式，有效地凝

聚团队成员的集体智慧,在团队成员对体育课堂教学进行一次次的思考、讨论、实践、完善、提高的循环中,充分发挥了每位体育教师的专长,提高了体育教师的体育教学能力和专业素养。在近三年各级各类体育教学、科研大赛中,我校体育教师多次获得佳绩,展现了优秀的体育专业素养,并涌现出数名苏州市级、吴江区级体育学科带头人,以及一批区级骨干教师。体育协同教学模式有效地促进了我校体育教师的职业发展,全面增强了我校体育教学综合实力,优化了体育教师队伍结构,为我校体育工作取得更加丰硕的成果奠定了良好的基础。

第三节　实施体育协同教学的基础与条件

一、儿童协同体育应然目标的确立依据

儿童协同体育的应然目标是指在实施儿童协同体育教学之前确立的目标,是一种应然的状态,在不掺杂外界因素的情况下,预期达到的一种理想效果、状态,是与实然目标相对的,具有一定的理想性。儿童协同体育应然目标的确立为儿童协同体育的实施指明了方向,为儿童协同体育的顺利开展奠定了基础。

(一)儿童协同体育应然目标的层级依据

教育目的是教育的出发点,也是教育的归宿,它是教育的灵魂,支配教育的全过程,并规定教与学的方向。儿童协同体育的应然目标就是教育目的的具体化,教育目的是儿童协同体育应然目标的上位目标,是其确立的层级来源。教育目的各层级关系如下表。

表 1-1　教育目的各层级关系

层级	简述名称	制定者	特点
一级（教育目的）	教育方针或培养目标	政府/国家	抽象；笼统；比较关注"应该如何"
二级（培养目标）	各类学校的培养目标	政府/国家	对教育目的的具体化
三级（课程标准）	九年义务教育课程目标 九年义务教育体育课程目标 一至二级体育课程目标(技能领域)	学科专家	从"抽象"逐步过渡到"具体"
四级（学习目标）	学年目标/单元目标/课时目标	教师	比较具体；比较关注实际状态

如上表所示，教育目的是最基本的目标，是国家规定的最基础的目标，各个层级的目标都要以教育目的为依据，逐级拓展、深化，要统一于教育目的中，与教育目的的方向要保持一致性。儿童协同体育的应然目标只有与教育目的一致，才会具有理论的可行性，因此儿童协同体育应然目标的建构要以教育各层级目标为依据。

（二）儿童协同体育应然目标的教育学依据

教育学是研究教育现象、教育问题及其规律的社会科学，通过对教育现象、教育问题的研究来揭示教育的一般规律。教育学的研究对象是人类教育现象和问题。教育学是主要研究学生的，正如加拿大教育家马克斯·范梅南所说的"教育学是迷恋儿童成长的一门学问"，而儿童协同体育所倡导的教育思想也是以学生为中心的，因此儿童协同体育应然目标的建构应参照教育学的研究成果。儿童协同体育模式下的体育教师不是教体育，而是用体育去教人。学校要遵循教育学研究成果，依据儿童的成长规律，建构儿童协同体育的应然目标。

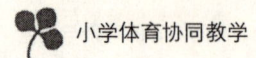

(三)儿童协同体育应然目标的训练学依据

运动训练学是研究和阐明运动训练规律的综合应用性学科。儿童协同体育的本质也是运动训练的过程,需要以运动训练学理论为参照。儿童协同体育要搞好,首先要设置合理的儿童协同体育应然目标。儿童协同体育的应然目标是针对大部分学生的普遍性目标,是一种预设的目标。学习运动训练学有助于体育教师明确运动训练的目的、任务,明确儿童协同体育的应然目标,掌握儿童协同体育训练的过程和方法,分析解决训练过程中的问题,顺利完成儿童协同体育教学任务。训练目标、训练原则、训练方法三者的关系是辩证统一的,训练目标的建构有助于训练原则、训练方法的选择,训练方法、训练原则的合理运用能够完善训练目标。因此,儿童协同体育目标的建构要以运动训练学理论方法为依据。

(四)儿童协同体育应然目标的心理学依据

教育心理学就是研究学与教这个过程的方方面面规律的科学,首先表现在对教师教育过程的了解,其次是对学生特点的把握,最后是关于教学方法的研究及教师如何与教学方法进行匹配才能取得更好的教学效果,即根据实际情况选择教学方法的问题。小学儿童教育心理学研究小学儿童发展和教育领域里的各种心理现象及其发展规律,帮助教师准确地了解问题,为实际教学提供科学的理论指导,帮助预测并干预学生,从而为儿童协同体育应然目标的确立提供理论依据。

二、儿童协同体育应然目标确立的原则

儿童协同体育是体育的具体化,需要遵循体育教学的基本要求和准则,正确地理解和贯彻体育教学的原则,可促使体育教师更好地掌握和运用体育教学的客观规律,提高教学效率,改善教学效果,完成儿童协同体育教学任务。儿童协同体育应然目标的确立要遵循以下原则:

(一)学生主体性原则

学生主体性原则指的是在儿童协同体育教学中,学生始终是学习的主体,在教师确立教学目标时,要围绕学生这一主体的需要和特点进行确立。因此在确立儿童协同体育应然目标之前,要充分了解学生的特点和需要。

(二)身心全面发展的原则

儿童协同体育教学的重点是不仅要指向学生的身体发展,而且要指向学生的心理发展与完善,促进学生的身心协调健康发展。因此,儿童协同体育应然目标确立的不仅是学生的身体发展目标,也应该确立学生的心理发展目标,将学生的心理健康发展目标行为化、具体化,促进学生的身心协调健康发展。

(三)全面性原则

每个儿童都是不同的个体,身体、心理、社会适应能力等方面或多或少地存在差异,有的儿童身体条件好,有的儿童心理素质强,有的儿童具有较强的社会适应能力。作为教师,应该充分认识到差异的客观存在,在确立儿童协同体育目标时,要考虑到儿童间存在的差异,尽可能地使目标符合全体学生的身体、心理和社会适应能力水平。

(四)预设—生成性原则

儿童协同体育应然目标的确立,其实是教学准备的一个过程,是预期的学习结果,是预设的最低要求,真正的教学结果一定是预设的目标加上生成的目标,因此预设的目标是可能改变的。然而,儿童协同体育应然目标是教学设计关注的重点,是教学过程的决定因素,是教师必须坚守的底线,是学生学习效果中可评价的部分。

三、儿童协同体育应然目标确立的实践策略

儿童协同体育是体育教学的具体化,是体育教学的创新式组织方式,根

据体育教学的层级目标,体育课程标准是儿童协同体育的上位目标,因此对于体育课程标准的解读程度,决定了儿童协同体育目标确立的准确程度。儿童协同体育应然目标确立的策略实际上就是对体育课程标准的解读策略。我国的课程标准基本以2—3年为一个时间段,分水平描述了各领域、主题、知识点的学习目标。课程标准的分解方式的复杂性和多样性使各个层级的学习目标变得丰富,为教师根据自己学校的实情设计课程学习目标提供了可能性。将课程标准分解成各学期、各单元、多节课的学习目标,在对应数量上,有三种形式:一对一、一对多、多对一。现在以水平三六年级第一学期跳跃单元为例,阐述儿童协同体育应然目标确立的实践策略。

（一）替代策略

利用一对一的对应关系,可以用某种主题替换掉原有课程标准中的关键词,形成儿童协同体育的学习目标。如对于"通过体育学习,学习与理解一些体育的健康知识,知道一些运动项目的专业术语",用"蹲踞式跳远"替换"运动项目"便可形成蹲踞式跳远单元的一条学习目标。再如"初步掌握两三项田径运动技能",用"蹲踞式跳远"替换"田径运动"又可作为蹲踞式跳远的一条单元学习目标。

（二）拆解策略

利用一对多的对应关系,将课程标准拆分成互有联系的细小指标,以此形成具体的学习目标。如"说出不同环境中可能面临的危险和避免危险的方法","不同环境"可以拆分为"越过障碍""高处跳下","面临的危险"可以拆分为"碰到障碍""摔倒","避免危险的方法"可以拆分为"正确的落地动作""自我保护动作"。

（三）组合策略

运用多对一的对应关系,合并多条课程标准,或者选取多条课程标准中有关联性的内容作为学生学习的焦点,形成一个学习目标。如"体验身体健康变化时情绪的不同表现""体验身体健康变化时意志的不同变化"组合为"体验练习蹲踞式跳远时的心理变化"这一学习目标。

四、儿童协同体育应然目标的确立——以蹲踞式跳远为例

知识与技能、过程与方法、情感态度和价值观是新课程的三维目标,它们是一个统一的整体,相互联系,相互融合,不可分割。现从新课程三维目标出发,以水平三六年级第一学期"跳跃与游戏"单元为例,阐述蹲踞式跳远的单元学习目标和各课时学习目标的确立。

(一)单元学习目标

知识与技能:知道蹲踞式跳远的动作名称和相关的专业术语,并且用自己的语言描述动作的流程和要领,能独立做出完整的蹲踞式跳远的技术动作。

过程与方法:学生间协同为伴,相互鼓励,主动参与蹲踞式跳远单元的学习,教师引导学生协同以往的知识储备,及水平一、水平二关于跳跃单元的学习,促进动作的正向迁移,提高动作的连贯性和协调性。

情感态度与价值观:在同伴协同中体会尊重和关爱,克服不良情绪,坚持反复练习,互相鼓励,互为友伴,共享协同锻炼的乐趣。

(二)课时学习目标

课时学习目标是单元学习目标的细化,即每节课应该完成的预设目标。本单元共分为五课时,每个课时的目标如下表。

表 1-2 "跳跃与游戏"单元课时目标

课时	知识与技能	过程与方法	情感态度与价值观
跨步跳远	能说出跨步跳的动作名称,能做出三步连续跨跳的动作,起跳迅速、积极、有力	采用游戏比赛和分组学练的方式,引导学生之间相互合作,协同练习跨步跳远	在协同活动中自信地展示自我,并能主动地和同伴交流学练的体会
助跑与起跳相结合的跳远	了解助跑与起跳对于跳远的意义,做出起跳时全脚掌着地、髋膝踝关节迅速蹬伸的技术动作	协同网络信息技术,通过让学生观看视频,了解助跑起跳的动作	耐心地观察和体会技术动作,乐于接受同伴的帮助和指导
蹲踞式跳远（一）	知道蹲踞式跳远起跳后成蹲踞的动作要领,能做出起跳后两腿屈膝上提,在空中成"蹲踞式"的技术动作,落地屈膝缓冲	协同一定高度的器材,让学生助跑起跳越过,引导学生练习在空中的"蹲踞式"的技术动作	克服畏惧心理,勇于跳过一定高度的障碍,乐于重复练习,体会掌握动作、达成目标后的乐趣
蹲踞式跳远（二）	知道完整的蹲踞式跳远的四个部分,能做出完整的动作,且各环节连贯协调	协同以往的知识储备,学习保持身体平衡的方法,以同伴协作的方式学练完整的蹲踞式跳远	在学练中能尊重和关爱跳跃能力弱的同伴,并主动提供帮助
蹲踞式跳远考核	了解简单的裁判知识和丈量方法,能做出完整的蹲踞式跳远的技术动作,动作协调连贯	教师引导学生分组协作,相互完成蹲踞式跳远的考核任务	在活动中能够正确地看待他人和评价自己

儿童协同体育是小学体育教学的创新组织形式,突出小学体育教学中的协同意义,即协同有利于小学体育教学的因素,促进小学体育教学的有效性,更好地达成教育的目的。儿童协同体育应然目标的确立是小学体育教学应该要达成的预设性目标的具体化。目标具体了,方向也就明确了,因此儿童协同体育要搞好,必须先确立合适的学习目标。本文从儿童协同体育

应然目标的确立依据、原则、实践三个角度,阐述了儿童协同体育应然目标的确立策略,希望能够抛砖引玉,激发广大体育教师创新教育教学方式,提高学生体质,为提高国民体质贡献力量。

第四节 体育协同教学的全面育人功能发掘

作为中小学的一门重要课程,体育学科如何更好地实现学科育人、立德树人呢?笔者认为,中小学体育要以全面育人作为使命担当,树立大教育观、大体育观,尤其要克服体育课程与其他课程割裂的弊端,通过跨学科协同,提高体育课程全面育人的效益,为学生走向社会、享受健康充实的人生打好坚实的基础。

近年来,在全面育人理念的指引下,江苏省苏州市吴江区盛泽实验小学教育集团积极探索体育跨学科协同教学模式,在体育与其他课程的协同中发掘体育全面育人的价值和功能,发挥体育全面育人的特殊作用,取得了一定成效。

一、意识唤醒:认识体育跨学科协同教学的必要性与必然性

我们首先从转变观念入手,深刻认识体育学科开展跨学科协同教学的必要性和必然性。

(一)跨学科协同可以消除体育与其他课程割裂的弊端

重视并加强中小学体育教育,已经成为人们的共识和行动。但是体育课程的学科中心倾向还十分严重,过于重视技能目标,阻断了学校体育与学

校教育乃至社会生活的联系。体育教育的核心价值不是竞技比赛,也不是娱乐,而是育人。体育与育人是不可分割的统一体,小学体育课程必须走综合化、统整化之路,与德育、智育、美育诸方面协同起来,实现其全面育人的使命担当。

(二)跨学科协同顺应了体育课程的综合性特征

《义务教育体育与健康课程标准(2011年版)》将体育课程分为运动参与、运动技能、身体健康、心理健康与社会适应四个方面,并指出四个方面是一个相互联系的整体,各个方面的目标主要通过身体练习实现,不能割裂开来进行教学,这充分说明了体育与健康课程的综合性。体育学科独有的以身体练习为手段的课堂教学,可以与语文、数学、艺术、劳动等多学科知识进行整合,重组教学内容,优化教学过程。体育课程这一综合性的特征决定了该课程可以走课程内部以及课程外部的协同整合之路。

(三)课程之间的关联为体育课程跨学科协同教学创造了条件

一方面,在其他的学科中有大量的以体育为主题的文章和包括体育元素的题目;另一方面,在体育教学中,其他学科的元素比比皆是,如数学元素、语文元素、音乐元素、美术元素等。因此,中小学体育教学需要对该现象加以分析,并尝试将体育学科与其他学科的交叉渗透点进行整合,实现跨学科的协同。

二、价值发现:发掘体育跨学科协同全面育人的功能

体育与其他课程跨学科的协同不能简单地"做加法",而应该"做乘法"。我们把体育与其他课程的协同目标定位于"小立课程,大作功夫",充分发掘和发挥体育跨学科协同全面育人的价值和功能。

(一)在跨学科协同中立德

我们挖掘体育的德育元素,与学校德育协同。首先,在"赛"中育德。体

育比赛的结局无非就是赢与输,但赢与输并不是最重要的,最重要的让学生在比赛中养成规则意识。"如何在规则的约束下去赢,如何体面并且有尊严地输?"一是用"星"育德。体育明星以自己独特的能力与人格魅力为国家争得荣誉。学生都喜欢追星,于是我们通过"把自己圈里的名人"推荐给学生,让更快、更高、更强的体育精神植根于学生心中。二是以"红色"育德。我们把长征战斗故事、抗洪抢险、抗震救灾等语文和历史课程的内容,整合到长跑、障碍跑、投掷、跳跃等教学中,教育学生不畏艰险、勇于拼搏、团结协作、自强不息。

(二)在跨学科协同中启智

体育与智育互相联系,身体素质的提高,是改善学生智力活动的条件,对学生学业成绩产生影响。体育课程与小学语文、数学等课程在教学目标和教学内容上相互之间有交叉,教学资源可以互相利用。例如:儿歌是小学语文低段教学的重要内容,而低段体育教学中的很多内容可以转化为儿歌。为此,我们师生一起编儿歌,如前滚翻动作:"低头抱膝团紧身,变成一只小皮球,两脚一蹬向前滚,立稳站起我完成。"弹跳力训练:"我蹲下,手抱膝,你来拍,我来跳,原地拍,原地跳,前后拍,前后跳,左右拍,左右跳。"这样就打通了体育与语文学科,使教学资源发挥了最大的协同效应。

(三)在跨学科协同中辅美

体育教学中,学生在强健体魄的同时也能够感受到体育特殊的美,如形态美、运动美、精神美等,从而激发学生对体育运动的热情,培养学生对体育美的审美意识、鉴赏能力和创造能力。因此,体育与美育可以有机地协同起来,发挥它们之间功能交叉的教育作用。体育与艺术的跨学科协同往往是综合性的,啦啦操就是我们实践的一个项目。我们把啦啦操作为体育与艺术课程协同的重点,组建班级、校级啦啦操队。孩子们在动感的音乐下,配以服装、口号板、旗帜、彩球等道具,以舞蹈、技巧、托举、跳跃等组合进行训

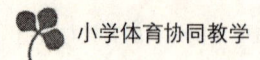

练和展示,既发扬了团队精神又展现了艺术美。

(四)在跨学科协同中育心

体育是培养学生抗挫能力的最好课堂。通常,在田径比赛中,除冠军以外,其他人都是"失败者";在球类对抗比赛中,总有一队是"失败者"。因此,我们引导学生在竞赛中体验失败,学会正确看待失败,从而培养学生的抗挫能力。在体育运动中,人们还需要克服疲劳、寒暑对身体的侵袭,要战胜胆怯和退缩心理。因此,我们把体育作为学生意志品质的磨炼过程。我们还发掘体育运动培养学生人际交往能力的作用,引导学生构建和谐的同学关系,与同伴一起平等、友好、和谐地练习和比赛,从而培养学生宽容、热情、友爱、合群的良好品质。

三、资源整合:优化体育跨学科协同全面育人的策略

体育跨学科协同,需要从教学内容入手,通过梳理体育与其他课程在教学内容上的重合、交叉部分,寻找到协同的内容元素作为联结点,实现全面育人。在实践中,我们主要采取以下三种策略。

(一)有机渗透策略

我们将语文、数学等各门学科知识渗透到体育教学中,也将体育知识渗透到语文、数学等各门学科中,化整为零地实施教学,形成有机渗透策略。例如:小学高年段体育有弯道跑教学,教师一般只是提醒学生通过弯道时身体向内倾斜,跑速越快时身体向内倾斜的幅度要越大。由于小学没有物理教学,很多学生不明白这样做的道理。于是,我们采用有机渗透的教学方式,结合生活中的物理现象渗透中学物理知识,让学生初步理解物理中的"向心力""离心力"概念,了解"人在弯道跑时存在离心力,离心力只有被人体倾斜产生的向心力抵消,弯道跑才能顺畅"。学生知道这个道理后就能认真体会身体在弯道跑时的状态,提高弯道跑的教学质量。

(二)任务驱动策略

跨学科协同教学具有很强的情境性,学生是基于一定情境去达成某一学习任务的,因此任务设计和驱动是开展跨学科协同教学的关键。我们以体育为中心,同时考虑不同学科的目标要求、学生发展的真实需要,以及对现有的教育资源等进行统筹,设计出系列探究性任务,以此来驱动学生的学习活动。

长跑项目一直是学校体育教学不好开展的项目,枯燥、无趣,加之学生体质原因,家长、领导、体育教师都不愿进行长跑教学。如此恶性循环,学生体质更是日趋下降。科技与体育协同的"定向越野"项目则把"野外"搬进校园,较好地解决了这个问题。例如:体育教师把"定向越野"的目标设定为寻找10位具有影响力的科技人物的出生地,课前在校园里设置好10位人物出生地分布点。课堂上,教师对每组学生提出不同的寻找次序,最快最好地完成寻找任务的小组胜出。这样,枯燥无趣的长跑变得有趣起来,学生依靠地图在校园里积极奔跑寻找目标,不知不觉中跑了上千米,既锻炼了体能又增强了对这些人物的了解。科技体育的任务还可以是濒危动物、历史事件、文保单位踪迹等的寻访。在体育教学中,学生以若干个学习活动小组开展学习,使得看似单一的体育课堂教学变成了融体育与思政、语文、历史、地理等多学科的跨学科知识教学,真正把全面育人落实到课堂教学中。

(三)主题统整策略

我们从体育课程教学目标出发,确定主题,然后把其他课程的相关学习内容整合进来,形成主题统整式学习单元。这种协同的关键是探索具有一定广度和深度的主题,一般是由体育教师基于学科内容提出课程主题,其他学科教师协同参与课程设计和实施。

以五年级"跑与游戏"单元为例:该单元六课时,包括蹲踞式起跑,游戏"蚂蚁搬家";50米快速跑,游戏"叫号接球";弯道跑,游戏"十字接力";50

米×8往返跑,游戏"钻山洞";12分钟定时跑,游戏"穿山引水";400米耐久跑考核,游戏"打活动目标"。体育教师在该单元教学中围绕体育教学目标的完成,确立全面育人的多学科协同内容,组成跨学科的"长征"教学主题,协同语文、地理、历史、美术等学科教师参与设计"长征启程、突破乌江天险、翻越六盘山、四渡赤水、飞夺泸定桥、会宁会师"六课时教学计划。"长征"单元主题教学不仅完成了"跑与游戏"单元的教学目标,使学生掌握相关运动的技术方法,提高技能水平,发展身体素质,体验群体学习的乐趣,学会尊重与关爱弱小同伴,养成吃苦耐劳的意志品质,而且扩展了主题统整的广度与深度,实现了传承红色基因、传播历史文化的目标。

第二章

体育协同教学的内涵与特质

第一节 体育协同教学的内涵

协同一词源自古希腊语,意为协和、同步、和谐、协调、协作、合作,是协同学(synergetics)的基本范畴。所谓协同是指协调两个或两个以上的不同资源或者个体,协同一致地完成某一个目标的过程或能力,这一词常用于军事活动。最早的协同教学理论内核来自西德斯图加特大学理论物理学教授赫尔曼·哈肯的协同学。协同学从系统演化的角度来研究开放系统在一定的外部条件作用下,其内部诸要素、诸层面和诸子系统之间,如何通过非线性的相互作用而形成协同效应,自组织成为一个协同系统的内部机制和规律的科学。协同学的基本原理是协同效应原理、自组织原理和有序原理,其中协同效应原理是核心。所谓协同效应是指在一个系统内各个要素之间存在着竞争与合作的相互作用,而且呈现相对无序状态。人们可以对系统中各要素施加影响,当外界力量达到一定程度时,系统内的要素会呈现出协调、合作的态势,达到一种有序状态,从而能够更好地发挥系统的作用。由此生成了一些早期的协同教学理论:协同教学是一种教师合作的教学组织形式,打破以教师个人为主的教学方式,由不同专长的教师组成教学团队,对班级的学生采取大班教学、小组讨论、独立学习或者个别指导的方式,来完成某一单元或者某一领域的教学活动。

这一协同教学局限在教师个体上,是两个或两个以上教师合作的一种教学组织形式,与中国国情不相符合。中国是人口大国,适龄学生总数多,师生比就决定了不可能开展单纯意义上的师师协同教学,但可以从教育教学的目标出发,把各学科教学的内容目标进行协同,特别是以学生的核心素养为总目标,在各学科中进行协同教学。学生的核心素养包括社会责任、国家认同、国际理解、人文底蕴、科学精神、审美情趣、身心健康、学会学习、实践创新等,它是一个有机的整体。如果单从学科角度来看学生核心素养的培养,体育学科仅为"身心健康",而学生的核心素养并不是由单个学科或多个教师最后的"合作与统一"来实现的,而是要在学生每天的教育教学活动由多个学科或教师协同完成的。由此可见,在学生的每一节课堂教学中将学科的"个性特点"进行协同才能最有效地培养学生的核心素养。就体育学科教学来讲,协同教学的概念可以有更深的含义,不仅是生生之间的协同、师生之间的协同,也可以是不同学科传授知识点的协同,还可以是传统与现代的协同、课堂学习与日常生活的协同。

协同论认为,整个系统内部的各要素之间尽管存在着各种差异,但各要素之间同时也存在着相互影响与合作的关系,在内外因素的作用下,系统内部的各种要素之间会发生协同效应,产生"1+1＞2"的效果,并朝着有序的状态发展。因此,从协同论视角分析教学活动,设计教学方案,才能最大限度地保证教学模式的科学性和有效性。

小学体育课堂协同教学的结构特征主要包括两方面内容。一方面是实施体育协同教学的组织结构,它规定了体育协同教学的过程要素和操作流程。另一方面是体育协同教学的教师团队组成结构:一种是"金字塔"结构,也就是教师团队的构成主要由体育学科带头人、高级教师、一级教师与二级教师组成,体育学科带头人位于塔顶,高级教师位于塔中,一级教师与二级教师位于塔底;另一种是"射线"结构,即由数位教学水平相当的体育教师组成教学团队,围绕体育教学的核心内容,分别完成各自的教学任务,其关键是强调体育教师之间的协同合作。

小学体育课堂协同教学主要在于通过改变体育教师的教学方式,从而有利于充分发挥每位体育教师的专长，促进体育教师的职业发展；有利于学生获得更多的学习和情感体验，既能促进学生对体育运动技术技能的有效习得，又更加有利于学生通过体育课堂与生活的有机融合，实现将"知识、能力、态度、方法"四者合一的根本目标，进而切实落实组块教学"走向综合、走向生活、走向运用、走向智慧"的核心理念。

有课堂教学就会有教学模式，目前教学模式大致分有三个层次：其一，普遍的教学模式；其二，特殊的教学模式；其三，个别的教学模式。体育组块协同教学通过教材内容让学生以协同方式进行学习，通过训练提高技能，增强身体素质，从而培养学生自觉运用体育技术锻炼身体的习惯。协同教学作为一种新型的课堂方式，一般包括生生协同学习、师生协同学习、"1+x"协同学习等。

在体育教学的实践过程中，两名或以上的学生搭配就是一种生生协同的学习方式，这种学习形式易于组织，且教学效果比较理想。多名学生的组合从时间及空间上讲，都是同学关系中最密切的，也是最容易交流的。比如在武术教学、广播操教学中，让学生自由配对，互相协同，最后共同进行学习成果展示，教学效果就好。当前中小学体育教师用得最多、最熟悉的就是小组协同合作学习，它可以直接有效地解决教师面临大班额授课制的问题，同时，也符合新课程学习方式的要求。根据不同的教学内容采用不同的分组协同模式，一般可有以下方案：一是固定分组。按照学生的性别、体能状况、体育成绩等划分为较为固定的小组，作为一个学期或一学年的学习组合，这种分组的特点是体能基本相同，爱好和技能可能不同，最大的好处就是同一组可以采用相同的计划。二是时段分组。这种组合持续的时间比较短，一般只在一个单元教学计划中采用，一旦单元教学结束，小组也随之解散，时段分组可以有三种：第一种，按技能水平分组，其特点是技能相同而爱好不尽相同。第二种，按爱好相同分组，其特点是爱好相同技能却不尽相同。第三种，按技能水平好坏搭配分组，其特点是体育技能、爱好均不同。这种分组的目的是扩大组内差别，让技能好的帮助技能差的，让兴趣浓的培养兴趣淡的，发挥同学们之间的帮带作用，让学生成为课堂的主体，加强同学们之间的交流。三是灵活分组。灵活分组与时段分组很相似，效果相同，不同的是持续时间更短，仅在一节课中出现，随之即被解散，主要也有三种方式：第一种，按技能水平分组，可提高学生的积极性、竞争性。如跳高教学中，设置不同高度，学生连续三次跳不了的，回归低一级别的高度。第二种，按技能水平高低搭配分组，如广播体操教学中，把已经掌握的同学和尚未熟练者编成一组，能缩短教学时间，培养学生的合作精神。第三种，随机分组，学生按默契关系组合，如球类的教学比赛、跳长绳活动等。

协同教学作为一种体育教学方式，它可以有效地促进学生主体性的发展，培养学生的责任感和合作精神，激发学生成功和创新意识，建立师生之间相互尊重、相互配合、相互理解的良好教学环境。教师要引导学生去发现问题，探究解决问题，把时间和空间留给学生，让学生真正成为学习的主人，使协同教学在体育教学中发挥其应有的作用。

什么样的教学设计更有效？什么样的教学方法更恰当？什么样的课堂更精彩？探索中我们发现：结合生活实际，加入游戏内容实现师生协同的教学设计更有效；适合学生认知，融入游戏实现生生协同的教学方法更恰当；能打动学生心灵，激发共同参与游戏，彼此相互协同的课堂才会更精彩！

一、创想"游戏主题、相互协同"的教学设计

正如柴可夫斯基所说："教学形式一旦触及学生的情绪，触及学生的精神需要，便能发挥其最有效的作用。"体育课堂上引入游戏，不仅能激发学生兴趣，也能极大地提高课堂教学的效率，更能让学生融入体育课堂。协同教学的引入，让课程更加温馨，更有生命力和人文关怀，变得更加温暖；团队合

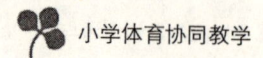

作意识更加清晰,更能突出"社会适应"的体育课程目标。

(一)秉持"健康第一、互相协助"的指导思想

"趣味小足球"这节课的教学内容涉及运动参与、运动技能和社会适应三个方面,主要内容:脚背正面运球。以多个小游戏拉开课的序幕,接着又以四个游戏串联整堂课,课中游戏人数从少到多、从简到难、从近到远循序渐进步步深入。教师以游戏的童趣的语言引导、教师与孩子一起游戏相互协助、同学之间的互帮互学以及小组合作学习、分组比赛等形式锻炼学生在活动中形成良好的意志品质和合作交往的能力。

(二)创想"游戏主题、趣味协助"的设计思路

本课以"课堂游戏"贯穿始终,以"和足球玩游戏"的故事情节为主线,根据协同教学的模式,把课堂教学中各个环节有机地联系在一起,形成一个不可分割的整体,让学生成为游戏的主角,在扮演游戏角色的过程中学习本领,逐渐长大,再通过老师与学生、学生与学生之间的相互协助,一起抱团学习,抱团取暖。在教学过程中渗透着各种跑、急停、变向、运球等小足球的基本动作技能,丰富的游戏情景中使学生学会了运动技能,提高了教学效果。

二、发挥"以戏激趣,戏趣协同"的教学智慧

马克·吐温说过:"课堂像天气一样变化,但是是可控的,因为学生在变,教师在变,气氛在变,时间在变。换言之,教师不断地面临挑战,在意想不到的情境中表现出积极的状态。正是这种在普通时间当中捕捉教育契机的能力,才能体现出教师的教学智慧。"

(一)"师生协同"的新型师生关系

新课程呼唤民主、平等、和谐的体育课堂,体现学生的主体地位,发挥教师的主导作用。教师不再是高高在上的传教者,而应该是循循善诱、传道、授业、解惑的智者,同时也是孩子的伙伴,是课堂游戏的参与者,比起组织

游戏,和学生一起参与游戏更加重要,只有如此才能和学生玩在一起乐在一起,才能体现出课堂的平等与民主。

举例:课前笔者为每个孩子准备了一个标志盘,把球放在标志盘上不滚动。课中一旦孩子们兴奋过度造成课堂不可控,笔者就会发出"让球回家"的口号,并一起运着球以最快的速度让球回到标志盘上,号召大家一起比一比、赛一赛,看哪个小朋友第一个完成。这样的师生共同参与的小游戏,可以更加容易让孩子安静下来,也能调动孩子和教师比赛的积极性,为课堂的顺利进行起着铺垫的作用。

(二)"以戏激趣,戏趣协同"贯穿教学始终

一个热闹的课堂氛围、一种游戏的课堂环境,对学生的性情是一种陶冶,也是一种理想的审美教育过程。在游戏中学生的认知活动伴随着浓烈的情感,认知会更为丰富,体验会更加深刻。以游戏的魅力再结合学生自身的趣味,相互协同,能擦出不一样的火花,玩出不一样的场景。

1. 大胆游戏、积极学练、相互协助

旋转木马大家都乘坐过吧,那带着你们的小伙伴——足球一起去坐旋转木马吧。前后两人一组两个标志桶,就组成了一组旋转木马,你往我这边运我往你那边运,一前一后由慢到快,要注意转弯,防止追尾,安全第一。如此把枯燥的正脚背足球运动融入日常游戏中,学生周而复始地练习,也感觉不到枯燥,在比赛中看谁能更好地控制球,看谁被谁追上。随着练习的深入,慢慢有教师发信号进行急停、急起、换方向等运球练习,最后拉开两个标志桶,扩大运球距离,使得学生有更大的空间活动,这样就从单一的技能慢慢向技能体能转变。

2. 熟能生巧、游戏比赛、共同进步

课的主题部分是学习脚背正面运球,通过各种游戏使得枯燥的教学内容生动化,整堂课虽然都在动,但是学生却感觉不到疲惫,因为他们的精力

都投入到做各种运球的游戏中去了。久而久之,运球技术会提高,而这时候进行小组游戏就水到渠成了。比赛既可以检验练习成果,也可以把课堂气氛推向高潮。笔者安排的游戏是"木头人",各自自由运球,当口令结束之后马上摆一个造型,看谁的姿势更加帅气。姿势不管如何笔者都给予了肯定,并且一起拍照留念。随着"咔嚓、咔嚓"几声,大家的热情更高了。大游戏中还可以渗透小游戏,使得整堂课都是游戏。体育课本来就是做游戏的课。

3. 结合实践、开花结果、学用协同

花草开花是为了结果,我们学习体育技能是为了锻炼身体和参加比赛,而学习脚背运球技术就是为了以后的射门。所以最后一个环节笔者做了一个小小的延伸,让学生尝试用脚去做几下简单的射门练习。两个标志桶就可以组成一个小球门,几人一组比赛,看谁进得多。给学生灌输一种概念,足球比赛就是看谁能射进门,并且射进的多。体育课上很多知识都是联系生活或者比赛实际的,我们体育教师要让学生知道,学习了这个技术将来运用在哪里,怎么运用,这才是学以致用。

(三)追求"情深意浓、情意协同"的教学境界

课堂中的情谊并不是凭空产生的,它是基于教材、源于教师的。"情意浓浓"的教学境界是培养良好师生关系的前提,它是学生对课堂的喜欢、对教师的爱,是教师对课堂的奉献、对学生的情。而游戏就是学生与教师彼此表达爱的载体,师生在欢声笑语中一起游戏一起成长,一起塑造这"情意浓浓"的教学境界。

在课堂中,教师循循善诱,引导孩子参与游戏并与孩子一起游戏,注重学生的个体差异,对特殊学生个体给予帮助,在游戏中让他们找回自信,就像鸡爸爸带着小鸡与老鹰一起对抗,保护帮助孩子们的心表露无遗。整堂课能做到浑然一体,始终以"情"贯穿课的始终,达到课前以游戏生情,课中以游戏激情,课后以游戏抒情的境界,从而让学生进入玩中学、学中玩、学中

乐的教学境界。

举例:课上有个孩子个子小小的,运动能力不是很强,运起球来很慢很慢。他的同伴嫌弃他了,他就待着一边不动了。这时候笔者让他同伴跟另外一组练习,笔者来做他的搭档玩游戏,手把手地教他,允许他慢一点,动作生疏点,慢慢地,这个孩子愿意一起来游戏了,脸也没有耷拉着了。在展示环节笔者和他配合完成了游戏,大家给了我们掌声,他脸上露出了微笑,笔者能感受到他的内心是幸福的,通过游戏得到了老师和同学的肯定。相信笔者留给他的不仅仅是一个游戏,更多的可能是对体育课新的认识或更多的热爱。

(四)优点与缺点的协同并存

俗话说:残缺也是一种美!世上没有完美无缺的东西,课也如此,再好的课也有缺点,也有不尽人意的地方,这样的课,留给我们更多的反思、补充、完善和交流的空间。

1. 游戏衔接不够畅

课的每个部分都是以游戏的形式展开的,但是在准备部分和基础部分的过渡中,游戏缺少连接。比如准备活动是和球交朋友的原地熟悉球性练习,到基本部分直接尝试让学生运球了。如果重新设计的话,笔者会加一个,用脚的哪个部分进行运球的环节,可以做成"你的小脚知多少"的游戏。

2. 引导创设不够新

课上的游戏都是教师主导进行的,在课的开始部分教师可以引导学生用自己创编的游戏进行热身,让一部分学生创设出各种新鲜好玩有趣的热身小游戏,给学生展示表演的机会,共同评议出哪些游戏好,为什么好,有选择地来玩。如果重新设计这节课,笔者会把主题定位在创新游戏上,发展学生的创造性思维,培养学生的创新能力。

3. 学生评议不够多

课中让学生自己讲、自己评、自己议的机会不多,学生自评、互评、组长评议的时间少。因为在这种评优课上,教师最怕由于学生讲不好而浪费时间,所以评议上基本以教师自己为主。这样就不能站在学生的角度发现问题,学生丧失了开口说话的机会。重新构思的话,可以先让小组讨论,再选取一位组长进行评议,教师在一旁也可以引导学生评议。

第二节 体育协同教学设计的整体性

一、范式名称:体育协同教学

体育协同教学基于协同学理论,将体育教学内容组块化,突出体育运动项目的核心技术技能教学,注重培育学生的体育核心素养,促使形成体育学科的内外部各种因素的综合协同效应,切实提高学生的体质健康水平、心理健康水平和社会适应能力。

二、核心思想:多元协同,整合运用

体育课堂教学的好与坏,受很多因素的影响,比如外在的场地条件、天气、器材的配备等,最主要的是内在因素,即教师对学情的预判和教学活动的设计。而在教学活动方案的设计里,我们要把外在、内在因素作为一个整体系统在协同论视角下统筹思考,做到多元协同,把场地、器材与人整合在一个系统中。这样,才能最大化地保障与实现课堂教学的科学性与有效性。

小学体育协同教学有一个特别的结构特征,就是教师团队的组成结构主要体现出为"塔式"与"条式"。塔式以人进行组建,骨干教师位于塔尖,

高级职称教师位于塔腰,其余教师位于塔底。用塔的样式建构教师团队的教研组织,可充分发挥骨干教师及高级职称教师的引领作用和中坚力量的支撑作用,带领其他教师相互协同发展。条式是以教师的专项特长进行组建,每一名教师都拥有自己的专项特长,有的专项是武术、有的是田径、有的是足球、有的是体操等,把体育学科的教学内容以球类、技巧、田径等条块进行梳理,以相关专项的教师为主,围绕学科教学进行内容设计,然后取众所长进行各自教学,主要目的是使教师群体之间进行协同合作。

小学体育课堂协同教学主要在于通过改变体育教师的教学方式,从而有利于充分发挥每位体育教师的专长,促进体育教师的职业发展。协同教学不仅有利于学生获得更多的学习和情感体验,促进学生对体育运动技术技能的有效习得,同时更加有利于学生通过体育课堂与生活的有机融合,实现将"知识、能力、态度、方法"四者合一的根本目标,进而切实落实组块教学"走向综合、走向生活、走向运用、走向智慧"的核心理念。

三、操作要义:学案研制,以生为中心

以协同学理论为基础,立足中小学体育课堂教学的客观实际,通过对体育课堂教学系统各要素的深入分析与探究,提出了相应的操作策略与实施路径,其主要内容包括:以"一课三磨、民主教学、分组合作"为主要手段,实现体育课堂的人际关系协同;以"精研教材、精研学生、精研教法"为主要途径,促进体育课堂的教学要素协同;以"保障有力、和谐融洽、持续改进"为基本要求,强化体育课堂的外部因素协同,确保体育教学目标的成功达成。

(一)突出学生的主体地位,充分发挥体育教师在课堂教学中的主导作用,强调人际关系的有效协同

1. 一课三磨,实现体育教师的协同

体育教师彼此间能否进行有效的协同合作是影响体育教学质量的决定

性因素。盛泽实验小学开展的别具一格的"一课三磨"教研活动,在对一节课进行"一磨:自主设计,解读重构;二磨:团队研究,设计重构;三磨:团队研究,细节重构"的过程中,充分发展了教师的学科教学能力,极大地增强了教师团队的协同合作效能。以水平一二年级的"前滚翻"第一课时为例,"一磨",需要体育协同教学团队共同研究"学情",确定教学目标,设计教学流程;"二磨",重点研究前滚翻的教学方法与手段问题,如为使学生达到"滚动圆滑"的技术要求,可以采用辅助与保护教学法,让学生由高到低翻越体操垫,并给予及时的保护;"三磨",侧重于课堂教学的调控与效果的研究,譬如,学生对前滚翻的技术要领认识不清时,教师如何帮助？学生练习和教师纠错的时机如何把握？这些问题的解决,无不需要体育教师之间进行深入的探讨,实现团队成员的优势互补,充分发挥"1+1＞2"的协同合作效能,提高体育课堂教学质量。

2.民主教学,实现师生关系的协同

随着新课程改革的持续深入,体育教学应在充分发挥教师主导作用的同时强调学生主体地位的体现,实现师生关系的有效协同,形成良好的师生关系。为此,体育教师首先要尊重学生的独立人格和个性,关爱和信任学生。尊重和信任是形成良好师生关系的基础。体育教师对学生的关爱和尊重、信任会形成一种强大的情感力量,这种情感会转化为学生勤奋学习的内驱力,有助于学生取得更大的进步。其次,在体育课堂教学中,体育教师应发扬教学民主,协同各种有效的体育教学方法和手段,调动和激发学生的学习积极性和参与意识。同时,体育教师应善于运用问题启发、比喻启发、情境启发、活动启发等方法启发学生的积极思维,实现学生的深度学习,摒弃那种枯燥乏味、被动单一的"填鸭式"的教学方法。比如,在教授前滚翻的主动蹬腿动作时,就可以采用模仿"兔跳""蛙跳"的情境启发教学方法进行体育教学,提高体育教学效率。

3. 分组合作,实现学生关系的协同

学生关系是形成体育课堂教学、和谐人际关系的重要组成部分,对体育教学目标的达成有着显著的影响。因此,体育教师首先应根据学生的实际,采取适合的合作学习形式,促进学生间的协同合作。在体育课堂教学中,可采用"互补合作学习"的形式进行快速跑的教学,体育教师可以在学生现有的体育技术技能基础上,提出如何才能提高途中跑的速度等问题,让学生通过小组合作的形式,相互讨论,各展所长,优势互补,探索解决问题的办法,从而取得良好的协同效应。其次,体育教师应处理好优等生和后进生的协同关系。体育课堂教学由于常常需要学生间的对比示范,此时便会出现优等生扮演正确示范的角色,而后进生只能作为错误动作的反面教例,极大地伤害了他们的学习积极性和自尊心。因此,体育教师应尊重学生的个体差异,协同好优等生和后进生的关系,积极开展学生间的协同互助活动。这既有利于加深学生间的友谊、增进班集体的团结,也有助于体育教学质量的提高。

(二)在体育教学目标的引领下,实现体育课堂教学各要素间的多元辩证协同

1. 精研教材,实现体育教学目标与教学内容的协同

体育教学目标是体育教学活动的"第一要素",是"体育课程的亚目标,它是体育教学中师生预期达到的教学结果和标准"。教学目标决定教学内容。体育教师在实施体育课堂教学时,必须根据体育教学目标来选择与设计体育教学内容,让体育教学内容为体育教学目标的实现而服务。为此,体育教师应一方面切实贯彻体育课程标准的要求,根据学生的身心发展规律,从体育教学目标、学生的知识水平、体能以及技术技能的实际出发,协同好体育教材中认知、技能以及情感领域方面的教学内容,开发学生智力、培养学生品德、提高学生的体育运动能力,使学生的个性在体育运动过程中得到

极大的张扬；另一方面，体育教师应深入研究教材，准确把握体育教材的教学重点和难点。为了突出教学重点，体育教师就要分析、吃透教材，厘清教材的内在逻辑联系。为化解教学难点，体育教师应"钻研"学生，准确地把握"学情"，从而实施有效教学。

2. 精研学生，实现体育教学目标与学生的协同

学生是构成体育课堂教学系统的主要因素之一，是体育教学的主体对象，没有学生积极主动的主体参与，体育课堂教学的协同效应就不可能产生。比如，将一次体育课的技能目标设置为：巩固和提高学生的足球技术技能，增强学生的足球技术水平。如果体育教师事先对学生现有的足球技术技能、比赛规则、身体素质等情况研究不充分就进行足球教学比赛，那么，学生在进行足球比赛时就会"手忙脚乱"，导致出现一场"踢不起来的足球赛"，自然，这节体育课的教学目标就不可能完成了。因此，只有从学生的实际情况出发，设计制定科学的体育教学目标，选择与运用各种有效的体育教学方法和手段，才能帮助学生又好又快地掌握体育运动技术技能，实现体育教学目标的要求。

3. 精研教法，实现体育教学目标与教学方法的协同

体育教学方法是体育课程的实施方式，是实现体育教学目标、开展体育教学活动的重要途径和手段。在体育教学过程中，为了成功地实现体育教学目标，体育教师对体育教学方法的选择，一方面要适应学生的身心发展水平和学习阶段特征。例如小群体教学法或合作教学法需要学生具有较强的独立学习能力，难以运用于小学低年级的学生，而像游戏教学法、情境教学法等教学法通常比较适合他们。另一方面，应坚持"一法为主，多法互补"的原则，根据不同的体育教学目标、教学内容以及学生的现有体育基础，使各种体育教学方法相互协同配合，发挥其整体功能。比如，体育教学目标是以传授体育知识技能为主的，则可运用掌握教学法、程序教学法；体育教学目

标是以磨炼学生心理品质为主的,则可采用游戏教学法、比赛教学法、情境教学法;体育教学目标是以培养学生团结协作精神为主的,则可采用小群体教学法、运动教育教学法等。

(三)强化体育教学与体育教学物质环境、心理环境以及教学反馈的协同整合,确保体育教学目标的顺利达成

1. 保障有力,实现体育教学与体育教学物质环境的协同

体育教学物质环境是顺利开展体育教学活动的物质保障,是影响体育教学质量的重要因素之一,其主要内容包括体育教学场所(如体育馆、田径场、篮球场、排球场等)和体育器材设备(如篮球、足球、排球、垒球、呼啦圈、体操垫等)。因此,在开展体育教学活动之前,体育教师应仔细检查体育教学场地器材的安全情况,避免发生学生伤害事故;场地器材的布置应便于课堂管理,器械的安放要在体育教师的视野之内,以利于管理与控制。值得注意的是,体育场地器材的选择应与学生的身心发展阶段相适应。例如,在进行足球项目教学时,小学一、二年级的学生就不宜使用成人尺寸规格的足球,而应选择适合低年级小学生的小足球,这样他们才能"玩"得起来;同时应保持体育场地、器材的整洁、美观,以便激发学生的体育运动热情,提高他们的体育学习积极性。

2. 和谐融洽,实现体育教学与体育教学心理环境的协同

学校体育的教学心理环境主要由学校体育传统与风气、体育课堂教学氛围、体育教学过程中的人际关系等方面组成,它是影响体育教学活动的重要内部因素。为此,体育教师应以饱满的工作热情和认真的教学态度,开展丰富多彩的校园体育活动,如"足球嘉年华""趣味田径运动会""学校体育节""校园武术邀请赛"等,积极营造和形成健康浓郁的学校体育氛围,让学生们在一种积极向上的体育氛围中受到身心的陶冶和洗礼。同时,体育教师应争取学校领导对体育教学工作的大力支持,为体育教学活动的顺利开

展奠定良好的组织与领导的基础。此外,体育教师还应积极改善自己的教学作风,力求避免专制和放任的教学作风,建立良好的师生关系,形成和谐的体育课堂氛围,为实施体育课堂的有效教学、提高体育教学效果创造良好的体育教学心理环境。

3. 持续改进,实现体育教学与体育教学反馈的协同

没有学生学习的信息反馈,就没有教学质量的提高。有效的体育教学应该是一种师生协同互动、教学相长的双向教育过程。首先,从体育教师方面来讲,体育教师应具有较强的课堂教学掌控能力,灵活的教学应变能力,以及敏锐的课堂观察能力,能够通过多种有效的反馈途径,获得准确的学生体育学习信息,如可以通过学生完成体育动作的质量、参与体育练习的积极性、从事体育运动时的呼吸、心率等生理状态等,采取有效的方法与手段,及时分析和调整体育教学活动过程。其次,从学生方面来讲,学生应掌握简单易行的自我评价的方法与手段,增强自我的身心调控能力,如自我调节、自我测评和自我激励的能力,并将自己真实的身心变化情况及时地反馈给体育教师,为体育教师不断改进体育教学提供依据。总之,通过强化体育教学与体育教学反馈的协同联系,及时准确地对体育教学实施360度全方位监控,保障体育教学过程朝着预定的体育教学目标发展。

四、教学风格:协同质朴、简约

体育教师的教学风格是指体育教师在科学的教学理论指导下,通过长期教学实践的探索和追求逐步形成的,并通过完美的体育教学活动,在教学观点、教学方式方法、教学技巧、教学作风、教学效果等方面综合体现出来的、稳定的、具有独特个性的教学特点与审美风貌。体育课堂协同教学因其独特的教师组合模式、内容优化模式、教学协同模式、评价多元模式,对体育教师形成"简约、质朴"的教学风格产生了重要的影响。主要表现为:

（一）"三维一体"的体育教学目标清晰明了

体育协同教学将体育教学的"知识、技能、情感"三维目标协同整合成有机的目标整体，十分清晰明了地指出了一次体育课堂教学应该达到的教学目标，需要解决的主要问题，这也为体育教学过程设计指明了方向。

（二）突出"体育核心技术技能"的教学内容式简效宏

体育协同教学认为，只有将纷繁复杂的体育教学内容按照其"运动项群"的内在联系，进行组块化分类，并提炼出不同体育教学内容组块中学生应掌握的体育核心技术技能，才有助于学生每掌握一种体育核心技术技能，就可以基本掌握一类型的体育运动项目，极大地拓展学生的体育实践范围。

（三）注重实效的体育教学方法简便易行

从一定程度上讲，体育教学方法对教学目标的成功达成具有关键性作用。由于体育教学的技艺性、教学环境的复杂性、教学过程的不确定性等诸多因素的制约，体育教学方法必须简便易行、注重实效，否则，便不能使学生较好地掌握动作技术要领，完成技术动作要求，无疑本次体育教学也不可能成功。

（四）"三段论"式的体育教学结构简明缜密

学校体育有其学科定位和教学特点。体育教学经典的"开始部分、基本部分、结束部分"的"三段论"式结构，是科学的体育教学结构模式，根本没有必要"故弄玄虚"地增加一些不必要的教学环节，因为这不仅无助于体育教学效果的提高，而且有可能阻碍正常的体育教学过程实施。

（五）"一物多用"的体育器材场地设计布置简洁高效

在小学体育课堂教学有限的40分钟内，体育器材的种类并不是越多越好、体育场地的范围也非越大越佳。而在实际教学中，体育教师往往会为"吸引眼球"，将整个体育课堂"装扮"得"花枝招展"，殊不知，这是"舍本逐末""自找麻烦"。体育协同教学提倡"一物多用"，简洁高效的体育器材、场地设计布置理念,根据教学内容充分挖掘和整合不同体育器材的功能,让学生用得顺手,教师教得省心。

(六)生动有趣的体育教学语言言简意赅

在体育协同教学的课堂中,要求体育教师运用简明扼要、生动有趣的语言进行教学内容的讲解,不能长篇大论式地"做报告",讲解内容时应重点讲解动作的技术要领,在一次课中不可过多地讲解动作细节,应做到"精讲多练"。

(七)敦厚质朴的体育教学特质平淡深邃

体育协同教学可有效地凝聚团队成员的集体智慧,在团队成员对体育课堂教学进行一次次的思考、讨论、实践、完善、提高的循环中,会逐渐发现真正的好课恰恰正是那种教学结构设计简单、教学方法手段简便易行,外表平淡但却能"直指人心"的课,这也许正是体育协同教学所要追寻的"去尽铅华,平淡是真"的教学境界。

第三节 体育协同教学互动区域的包容性

互动是指能够对对方发出的信号或行动产生反馈能力的双方、多方进行交流的形式。教学互动则是一种教学形式,是指在教学过程中的互动过程,可以是双方的互动,也可以是多方的互动,是教与学动态发展、和谐统一的活动过程。小学体育教学互动包括师生互动、生生互动、生与教学中介的互动(简称教材互动)、生与教学环境的互动(简称区域互动),因此加强小学体育教学互动就要从互动的双方出发,优化体育教学互动的方式。现以笔者执教的四年级第二学期的"30米障碍跑"为例,浅析加强小学体育教学互动的策略。

一、精选学习内容,激发学生参与互动的兴趣

学习内容的选择是学生能否参与教学互动的基本条件和基础,为确保教学互动的有效实施,教师必须精研课程标准和校本教材,选择学生感兴趣的学习内容。学生只有对于教学内容感兴趣,才愿意去学习,乐于参与到课堂教学互动中。小学体育教学主要是引导学生学习运动技能,掌握身体练习的方法,从而提高自身体质。然而小学生的身心发展具有阶段性的特点,根据新课标的划分,将小学阶段分为水平一至水平三这三个不同的阶段,每个阶段的小学生都有各自的阶段性特点,都有各个身体素质发展的关键期,因此在选择学习内容的同时,也要考虑学生身心发展的特点,选择适合学生学习的内容。如曹忠老师在"30米障碍跑"这节课的教材选择与分析中说道:"第一,障碍跑是田径项目的一项素质训练练习。练习障碍跑可以使身体灵敏与协调,增强学生的力量、柔韧、耐力素质。第二,反复的障碍跑练习会使学生感到枯燥、乏味,产生厌倦情绪,所以采用多种障碍的协同融合教学,多样的练习方式可以激发学生的竞争意识,提高学生的学习积极性,从而提高学生的身体素质,真正做到全面锻炼、全面发展。"这里充分研读了课程标准,并对学生身心的阶段性特点做了详尽的分析。因此,精研课程标准和研究学生身心发展特点是精选学习内容的两个必要条件。

二、协同师生关系,创设学生参与互动的环境

师生关系的建立是教学互动的环境保障,民主的师生关系有利于学生参与教学互动,民主的师生关系是自由、平等、开放的,取决于教师观念的转变。要想建立民主的师生关系首先要明确学生的主体地位,只有让学生成

为课堂的主人、学习的主人,才能有效地开展教学互动。德国教育家第斯多惠曾说过:"一个好的教员教人发现真理。"教师在教学中不是一味地"填鸭式"教学,而是把学生当成学习的主人,把问题留给学生,让学生去质疑、答疑。曹忠老师的这节"30米障碍跑"教学设计在组织策略中强调:

第一,游戏教学,激兴趣。本课根据学生实际设计了富有趣味性的SPARK专项游戏,让学生在游戏中掌握障碍跑的一些动作要领,学生在游戏中把枯燥、机械的跑动作游戏化,同时又掌握了通过障碍跑的动作技术。

第二,主动探究,善思维。四年级学生已经具备了一定的思维能力,也有了一定的知识储备和学习、生活经历。教师在教学过程中应采用设问、引导、分层和挑战的教学手段,让学生在学会思考问题、分析问题、解决问题的同时掌握各种障碍通过的方法。明确学生的主体地位,采用学生比较喜欢的游戏,激发学生兴趣,让学生明白自己是课堂的主人公。巧设"空白地带",让学生自己去探究、分析、解决过障碍的方法,为学生参与教学互动,创设了适宜的环境。

三、引导团结协作,丰富学生参与互动的方式

体育课教学是一项身体和思维紧密结合的特殊活动,在活动中不仅要教给学生体育知识、技能,还要教给学生锻炼身体的能力和适应社会需求的能力。团结协作是社会人的一项基本适应社会的能力,小学体育教师要在体育课中引导学生从事以团结协作方式进行的体育活动,这也是体育课程标准的要求。儿童协同体育作为一种新型的教学模式,更加强调了学生的主体性、社会性,要求教师协同有利于学生自身发展的诸多因素,将其融入体育课堂,促进学生的身心发展。教师之间的协作、学科之间的融合、学生之间的合作、一种器材多种用法、相同器材的不同组合等对于学生团结协作能力的影响是潜移默化的,是深远的。曹忠老师的"30米障碍跑"这节课,

是儿童协同体育教学的实践,如在教学策略设计中的"伙伴互助,促交往:在教学中多采用小组合作交流、同伴互助、相互竞争等多种协同教学方法和手段,使学生能有效沟通,通过积极的相互支持、配合,提高学生的协作精神,培养学生团结协作、携手共进的精神和意识"。整堂课的教学设计,自始至终有意识地引导学生的主体性、协作性练习。从教学准备的分组开始引导学生形成团队概念,每个人都是团队的名字,所有的练习都以团队为单位进行。

四、巧设练习区域,维护学生参与互动的热情

体育课教学由室内课教学和室外课教学组成,以室外课教学为主。因此对于室外课堂区域要精心设计,好的课堂教学区域设计能够时刻带给学生新鲜感,维持学生的兴趣,提高体育课堂教学质量,高效地提高学生的练习质量。每堂课可以设置多个练习区域,每个区域既是独立的,又是联系、互动的。独立是因为每个区域练习的重点不同,解决的教学问题不一样,而联系、互动是因为各区域解决的学习重点、难点,共同组成了本堂课的重点、难点。正如曹忠老师的"30米障碍跑"的教学区域设计,把课堂设置了三个不同的区域,每个区域解决一种过障碍的方法,最后把三种方法融合在一起,共同完成了本堂课的教学目标。

小学体育教学不是教师的课堂、学生的课堂,而是教师和学生共同组成的互动课堂。儿童协同体育课堂中的互动是包容的,因此体育教师要加强互动策略的学习,提高体育教学中互动各个体、各因素间的互动质量,更好地完成小学体育教学目标,奠基健康中国梦。

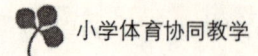

第四节 体育协同教学的整合性

整合,是把不同类型、不同性质的事物组合在一起,成为一个整体。课程整合是当前课改的重点,通过整合可以改变目前课程存在的过于学科本位、学科割裂等问题,实现课程结构均衡、综合和可选择。小学体育课程的培养目标不能仅仅定位于强身健体,而是要着重培养学生的综合能力,尤其是社会责任、人文底蕴、科学精神、审美情趣、实践创新等核心素养。因此,体育学科要从协同教学入手,变革体育学科的教学方式。要跳出体育学科看教学,要通过整合策略协同其他课程以及生活知识,综合培养学生的能力。

一、整合生活,让体育世界与生活世界协同

小学二年级攀爬系列游戏的教学:整个单元的教学目标是让学生懂得攀爬的基本方法,了解攀爬的相关安全知识,学会手脚并用地攀爬各种器械,一般的教学大多采用让学生在联合器械或垫子上进行攀爬。为了勾连生活,我们这样设计教学:用废旧的汽车轮胎搭成各种障碍、用体操凳搭成各种路径、用跳箱和山羊搭成各种高度的障碍墙,把在生活中常见的需要攀爬的一些实用技能与课堂教学相融合,课堂教学与生活运用相协同。

小学二年级前滚翻系列教学:整个单元的教学目标是让学生掌握单个前滚翻动作,一般采用的是在平面垫子上进行练习的教学设计。我们则这样设计:在游戏中开展滚翻教学,用带有情境的故事进行滚翻教学,在教学中始终让学生体验到在生活中如果跌倒时如何使用滚翻动作进行自我保护。

体育教学与学生生活的整合,就是要在体育教学内容以及形式上与学生的社会生活相结合,把人与自然、人与社会、人与文化、人与自我等作为选择和组织课程内容的主题,把向儿童呈现的"体育世界"与他们的"生活世界"链接起来。这样,体育教学的知识来源于学生生活的需要,生活的知识在体育学习中得到升华,同时学生适应社会的能力得以提升。

上述两个教学案例把日常生活中可能会遇见的避险逃生、遇险自救等融入教学,并且创设实际生活中遇见的场景,这样的教学把学生的"体育世界"与"生活世界"有机地结合起来,贴近学生的生活,且生活化的活动丰富多彩,深受学生的喜爱。把生活揉进体育的方式是多样的,第一个案例是设置情境,第二个案例是游戏,除此之外,可以设计可能遇到的意外,用体育课中学到的知识去解决生活中遇到的问题,减少事故的发生,等等。

二、整合综合实践,让健体与探究协同

小学四年级的武术体验神态系列教学:单元教学目标是让学生学会武术的组合动作,说出相关的基本术语,提高学生的灵敏与协调素质。我们这样设计:四年级学生已经具备了一定的人文历史知识,在完成基本的教学的同时,我们可以把中华武术这一国粹进行相关传授,让学生在课余时间自行查询并全面了解中华文明的源远流长。让学生树立民族自豪感,培养学生的国家认同感,以中华武术的博大精深培养学生的人文底蕴,以习武之人的武德修养培养学生的社会责任。

小学四年级体操体验灵巧系列教学:单元教学目标是让学生学会在单杠上的支撑动作,同时学会缓冲落地的保护动作,一般教学方式是在学校固定的综合器械区进行教学。由于大型的固定综合器械一般学校较少添置,很难满足教学需求,我们则这样设计:用中型镀锌管制作小型可搬移的单杠,降低单杠高度,把在生活中常用的建筑搭建器械协同用于满足课堂教学器

械上来,自制教具的过程是思考与动手操作的过程,通过自制小型单杠,可以引导学生自行动手制作各类体育活动小型器材,在动手操作中培养学生的实践创新能力;同时也让学生在有足够的练习器械前提下,努力展示自己的优美姿态,让学生学会欣赏体育之美,培养学生的审美情趣;在体操的灵巧教学中,还可以引导学生掌握日常生活中可能会遇见的一些危险情况的自救方法。

世界万物都是有联系的,课程也是相互关联的,这种关联就是课程整合的基础。综合实践活动是一种实践性的课程,是"无本"(教材)课程,活动内容需要教师和学生共同来设计;体育也是以实践(活动)为主的课程,教学内容的选择也要因地制宜,从学校以及学生的实际出发。因此,小学体育与综合实践活动联系紧密,可以有机整合。上述两个案例分别以"武术体验神态""体操体验灵巧"两个主题项目,引导学生以探究型学习为主,学生在动脑、动手、动眼中把体育与综合实践整合了起来,培养学生科学的态度和精神,从而提升学生综合运用知识、解决实际问题的能力。

综合实践课程有研究性学习、信息技术、劳动技术以及社会服务四大领域,每一个领域都可以与体育结合。案例1让学生在课余时间自行查询并全面了解中华文明就是协同研究性学习,案例2让学生动手实践,则是与劳动技术有机结合。

三、整合学科课程,让教学与教育协同

小学六年级耐久跑系列教学:单元教学目标是让学生积极参与各种跑的练习,掌握耐久跑的呼吸方式,做到跑的轻快协调,让学生在耐久跑的练习中表现出坚强的毅力和顽强的意志。一般教学方式是在田径场上采用长跑练习,或在田径场中设置一些线路,让学生在田径场上进行耐久跑练习。我们是这样设计的:把校园平面图与中国地图、世界地图、本地地图相互嵌

合,在开展耐久跑项目教学时,课前可以设计一些寻找中国的历史名地、历史大事件的发生地,或者世界重大历史发生地及特殊的文化保护、珍贵动物保护区等教学任务,从田径场固定的区域出发,通过定向越野教学方式,让学生在校园里奔跑,看似没有组织的教学,但实际却是形散而神不散的主线课堂教学,把体育课堂的教学与地理知识、历史人文知识进行协同教学。这样的体育活动,不仅能促进学生身心健康,还能引导学生课外深度自我学习,获取文化知识。

小学六年级投掷与游戏系列教学:单元教学目标是让学生知道上步和助跑投掷垒球的动作方法和要领;通过观察同伴的投掷动作,掌握投掷时的用力顺序、出手角度,用蹬转挥臂的连贯动作进行投掷,发展学生的投掷能力,增强腰腹、肩带、手臂力量。一般教学方式是两列或四列横队交替或相向一定距离进行反复练习,单元教学五课时,前二课时为双手向前抛实心球,后三课时为上步投掷垒球及考核。授课课时少,如何高效提高投掷水平?投掷器械不是在真空中,器械受阻力、风向及器械本身的形状特别是出手角度的影响。六年级学生已经学习并掌握数学关于角的相关知识,实心球出手最佳角度为38°—42°,投掷垒球最佳出手角度为42°—44°。基于学生已经掌握关于角的认知,我们则这样设计:我们以不同高度参照物设置45°角的标志线,让学生根据自身高度寻找对应的参照角度,整合数学知识,把对角的认识与运用移入体育课堂的投掷教学,从而有效突破教学重点。体育课堂教学与数学相关的知识点相互协同,让学生感受到学科之间的互通有无,有利于培养学生综合运用知识的意识,特别是激发学生对数学学科的再认识。

中小学课程对人的各种能力培养的作用,不是某课程产生的,也不是各门课程作用的简单相加,而是各门课程之间相互联系、相互配合产生的。体育要以全面育人作为使命担当,树立大教育观、大体育观,尤其要克服体育

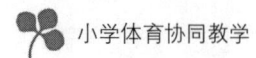

课程与其他课程割裂的弊端,通过跨学科协同,提高体育课程全面育人的效益,为学生今后走向社会,享受健康、充实的人生打好坚实的基础。上述两个案例就是把体育与历史、地理、数学等课程有机结合,在跨学科的协同中,发挥体育育人的功能。

体育与学科课程的结合需要教师树立大课程观,在教学设计中首先要从教学内容入手,梳理体育与其他课程在教学内容上的重合、交叉,寻找到大协同的内容元素。这种协同不是简单的学科知识堆砌组合,而是在体育与其他学科之间寻找联结点,建立其有意义的联系。而且,教师要提高自己的综合素养,特别是跨学科教学的能力。

整合是整体形成的环节和过程,整合的核心是建立联系。整合不是拼合,而是有机地结合,决不能为了整合而整合,而应发挥各学科间所具有的共性恰当地整合。这是体育协同教学的基本原则。

第五节　体育协同教学管理的动态性

小学体育课堂教学管理是按照体育教学规律和学生的身心发展特点,对体育课堂教学工作进行的计划、组织、控制、评价的过程,它以不断提高体育课堂教学质量为目的,实行全程性管理。小学体育课堂管理就是在小学体育课堂中实施的管理,主要针对小学生,需要做到细致具体。

一、小学生自身可塑性的需要

体育新课程标准将小学生的学习划分为三级水平,水平一到水平三分别相当于一、二年级,三、四年级,五、六年级。这三级水平是根据学生的身心发展特点来划分的,是逐级提高的。水平一学生的身体骨骼开始茁壮成长,下肢的增长比上肢要快,肌肉发育不完全,含水分较多,肌纤维较细,关节囊韧带薄而松弛,关节的活动范围较大,但是牢固性较差,容易发生脱臼。依据上述身体特点,水平一小学生不宜进行剧烈的运动。水平二学生的身体素质指标都有所提高,速度、腰腹力量、柔韧、速度耐力素质指标是水平二学生的关键期,该时期学生的骨骼可塑性较大,要注重身体姿势的培养。该水平的学生感觉的无意性和情绪化比较明显,注意力不够稳定、持久,但兴趣非常广泛,依据这些心理特点,练习的时间不宜太长。水平三阶段是学生身体发育的最高峰时期,学习和掌握技术动作较快,是学生身体素质发展的大好时期,依据以上特点可以加大相应的练习容量。综上所述,小学生的身心发展具有相应的阶段性,小学生的身心特点是发展的可塑性强,这就需要体育课堂管理。教师通过管理学生、管理教学内容、管理教学组织方法、管理器材,使其符合小学生的身心发展特点,充分发挥体育教学的作用,为小学生的身心发展服务。

二、小学体育课堂环境复杂性的需要

体育课堂教学由室外课教学和室内课教学组成,主要以室外课为主,是以身体和思维共同参与的一项特殊的活动。活动中除了要教给学生体育知识、技术、技能外,还要教给学生锻炼身体的能力及适应社会需求的各种体育娱乐活动能力。体育课堂教学内容的特殊性也反映了复杂的体育课堂教学环境。首先,体育教学课堂多以室外为主,风、温度、阳光等天气因素都会影响体育课堂教学的开展,不同的天气条件需要设计不同的运动负荷,需要对学生的运动量进行合理的控制。其次,体育教学课堂场地也很复杂,学生体育技能的学习要借助运动器材的辅助,往往是人手一件,体育器材的引入同时也带入了一定的安全隐患,而安全是小学体育课堂教学顺利进行的基础保证,因此需要教师对学生练习行为进行监督,唤醒学生的安全意识,保证小学体育课堂教学的顺利开展。

三、儿童协同体育模式协作性的需要

儿童协同体育教学模式是指在小学体育教学过程中,为了提高小学体育教学的质量,统筹有利于小学体育课堂教学的各个因素,并协同进行小学体育课堂教学,辅助学生更好地学习体育知识、技术、技能。如小学体育课堂与音乐学科的协同,小学体育课堂的准备部分可以协同音乐组织学生做准备活动,优美的旋律带给学生听觉的刺激,激发学生运动的兴趣,使学生迅速进入运动准备状态。基本部分可以协同音乐,根据音乐的节奏快慢、强弱控制学生的运动负荷,以此来调节学生的练习时间、休息时间、练习强度,这样的方式可以有效地调节学生的练习与休息,调动学生的练习热情。结束部分可以创设舒缓的音乐环境,在这样的环境中放松学生的身心。然而这样的协作过程是复杂的,需要教师实施相应的管理、控制、引导、评价。小学体育课堂不是某个学生个体的课堂,而是集体的课堂。儿童协同体育模式下学生的学习过程更多的是学生间的协作过程,然而根据小学生的身心特点,协作意识是小学生比较欠缺的,所以需要教师适时进行引导,管理学生的协作过程,从而培养学生的协作意识。

四、小学体育课堂管理动态性的需要

马克思主义哲学认为,一切事物都是发展的、运动的。小学体育课堂管理也是运动的、发展的。对于体育教师而言,每个教师会教很多个年级、班级,而每个班级的学情是存在差异的,相同的管理策略不可能适用于所有的班级,更何况不同的年级了。因此,小学体育课堂管理是变化的、动态的,而

恰恰是这种变化的小学体育课堂才更需要体育教师的管理。

小学体育课堂由学生、教师、教材、教学环境等构成。小学生的身心发展的可塑性及课堂教学环境的复杂性决定了小学体育课堂需要管理，而基于儿童协同体育模式下的小学体育课堂，更加注重学生的主体性。体育协同教学利用多因素的协作共同促进小学体育课堂教学的有效性，对于课堂教学管理的需要更加迫切。小学体育课堂管理的动态性也需要管理者的参与，从而促进小学体育课堂教学的顺利开展。因此，在儿童协同体育教学模式下，对小学体育课堂教学实施管理是非常有必要的。

第六节　体育教学与学校、家庭、社会的协同

一、终身体育意识观的形成

终身体育意识是指人终身进行身体锻炼和体育运动的意识。随着人们生活水平和文化程度的不断提高，物质生活不断改善，人均寿命不断延长，人们越发意识到体育运动在人们生活中的重要作用。体育教育作为小学教育中不可或缺的部分，承担着教导小学生锻炼身体、培养对体育的爱好和兴趣的作用。在小学教育中，不能单纯把体育课看成是学生肌肉的活动与锻炼，而应该将体育与智力、艺术、道德、社交活动等方面紧密结合，提高学生身体素质，培养坚韧的意志品行。对小学生终身体育意识的培养策略进行分析具有重要意义。

（一）终身体育意识概述

终身体育概念是在20世纪60年代与终身教育的概念同时产生的，教

育专家保尔·朗格朗论述了终身教育是通过公共教育的机会,让人一生都能获得良好的成长与发展。终身体育指一个人终身进行身体锻炼和接受体育教育。保尔·朗格朗说过:"必须抛弃那种认为体育只是在人一生的一个短暂的时期内进行的观点。"体育锻炼成为终身教育中一项不可分割的内容。学校体育是培养小学生终身体育意识的基础,合理安排小学体育课和学生课下活动,能够打好小学生的身体基础,培养学生各种体育技能,使学生学会自主锻炼,养成良好的体育运动习惯,促进学生关于体育的认识,加深对体育的情感体验。

(二)小学阶段学生的生理特征和心理特征

小学阶段学生刚刚进入青春发育期的关键阶段,这个阶段是打好身体基础的黄金时间。这个时期学生的身体发育直接影响着其一生,如果此时没有得到应有的锻炼,可能引起脊柱侧弯、驼背、呼吸机能差等问题,以后的弥补修改是非常困难的,可能成为学生终身的缺陷。成年之后的锻炼虽然也有效果,却是事倍功半。抓好小学生锻炼这一黄金时机,是学生发展协调能力、促进身心健康的关键。

小学生的年龄阶段一般是6—12岁,这个时期,小学生的好奇心、荣辱感、虚荣心等各种心理都在建立之中,小学生的知觉能力在迅速发展。学生对体育的理解和感知还没有建立起来,通过教师对学生的引导和帮助,能让学生喜欢上体育课。在组织体育教学时,要充分结合学生的心理发育特征,在体育课中设置游戏环节,让学生在玩乐中学习体育知识。在学生建立起对体育的兴趣之后,再进行体育理论知识的讲解,提高学生的运动能力,培养学生体育爱好和良好的锻炼习惯。

二、目前我国小学生终身体育意识的现状及原因分析

根据已有的调查分析发现,小学生对终身体育意识普遍认知度不高,缺

乏对体育锻炼的兴趣。体育是一项持之以恒的事情，小学生意志力薄弱，不能做到每天坚持体育训练。这与我国体育课教学形式有很大的关系。一方面，小学体育教师没有体会到培养学生终身体育意识的重要性，体育教学组织流于形式，课堂组织单一，没有形式多样的体育活动，很多体育教师在上体育课时让学生进行自由活动，单调的体育课堂组织让学生丧失了对体育的兴趣；另一方面，学生学业压力大，体育课经常被占用或挪动，家长也没有让孩子进行体育训练的意识，导致学生无法进行规律的体育锻炼，不利于培养学生的体育运动习惯。

三、小学阶段终身体育意识培养手段和具体措施

(一) 学校健全体育设施

学校应该健全基本的体育设施，这里的体育设施包括硬件设施和软件设施。硬件设施是指篮球、毽子、足球和体育场地等的建设，为学生的体育锻炼提供器材和场地，让学生进行多种多样的体育活动。软件设施是指体育教师自身的专业能力和体育素养，学校应该选拔专业的体育教师，确保体育教师有过硬的专业能力。另外，学校应该重视对体育课堂的组织和安排，不能一味地强调学生专业课的学习而随意调动、删减体育课，确保体育课的正常进展。教师应该树立起自身责任感，加强学生对体育锻炼的重视，认真组织安排每一节课，对学生的体育理论知识和实践能力同时教育；在课堂教学中，应和学生们建立起平等和谐的新型师生关系，营造积极活跃的课堂氛围，加强学生终身体育意识。

(二) 教师加强课程安排设计，寓教于乐

教师在体育课堂组织上，要充分发挥学生的自主能动性，将体育转化为游戏的形式进行教学，穿插关于体育知识理论的讲解，多进行群体体育活动，激发起学生的学习兴趣。教师可以对班级学生划分小组，进行小组竞赛

活动,例如丢手绢、扔沙包等游戏在体育课堂中实施就能起到非常好的效果。学生之间能进行充分的合作交流,有利于加强班集体的凝聚力,充分调动学生的积极性。另外,在组织活动或者竞赛时,教师应该多用鼓励性的语言激发学生参与的兴趣,采用多鼓励和适当批评的教学原则,增强学生学习体育的自信心和成就感。对于先天身体不协调、体育技能欠缺的学生更要积极鼓励,帮助学生融入集体,进行体育活动。在学习体育动作或体操时,应该先从简单的项目入手,逐渐提升训练难度,遵循循序渐进的教学原则,平等对待每位学生,鼓励学生大胆展示自己。

(三)加强家校合作意识,共同对学生体育锻炼负责

家庭也是小学生各种能力锻炼成长的平台,教师应该多与家长进行沟通交流,以平等的态度和家长进行对话,告诉家长学生进行体育活动的重要性,提倡学生在课余时间也进行体育活动,让家长在平时的日常生活中下意识地陪孩子进行体育活动,例如和孩子一起打乒乓球和羽毛球。家长也要树立起终身体育的意识,为孩子树立起良好的形象和榜样,激励孩子和朋友一起进行体育活动,给予孩子充分自由活动的时间,让孩子在充满体育活动的环境中成长。另外,教师可以举行亲子体育趣味活动,加强家校合作,在趣味游戏中增强亲子感情,遇到困难时教师和家长还能及时沟通,共同为孩子的成长负责。家长的参与与认同对孩子来说是一种极大的鼓励,为学生持续坚持体育锻炼提供强大动力。

(四)组织活动,及时评价反馈

体育课程和其他学科一样,也需要教学评价和反馈。教师在平时的教学活动组织时,要积极观察学生的运动情况,发现学生的不足之处要及时指出,为学生指明改善的方向,为学生的成长提出建设性的意见。比如纠正学生的跑步姿势或者走路姿势,有利于学生骨骼的正常发育,减少学生在跑步中受伤的风险,有利于学生的健康发育,提高学生的安全意识。另外,教师

要善于发现学生的优势,充分挖掘学生的运动潜力,在学生擅长的方面加强指导,培养体育特长生。

(五)社会加强社区公共社区建设

学生终身体育意识的培养能加强人身体素质,减少病弱群体的比例,减轻社会负担。所以社会要承担起对人终身体育意识的培养,社会也有加强公共社区体育建设的义务。完善社区活动场所,健全维护公共设施的正常运作,能够提供学生进行课外锻炼的平台,让学生能随时随地参加体育活动。对活动设施的建设应合理科学,适应不同群体的训练特点,保持学生参加体育运动的新鲜感,让学生在自主训练和结伴训练中收获友谊,收获成长。

综上所述,小学阶段是培养学生体育爱好、习惯养成、终身体育意识的关键时期。对小学生终身体育意识的培养需要社会、学校、教师、家长的共同努力。社会健全社区公用活动设施,为学生体育活动提供平台;学校健全体育课堂基础设施,加强体育意识的树立;教师应加强自身责任感,积极策划多种多样的课堂活动,寓教于乐;家长应该树立良好榜样,陪伴孩子进行体育活动。这四方面共同对孩子终身体育意识培养负责。

四、学校体育与家庭体育、社会体育的一体化

学校体育是以教学为主要目标,按照一定的要求、教学计划、教学内容对学生进行体育知识上的教学。现在的学校体育多数使用体育游戏这一教学手段,这一手段能够有效地促进学生学习的积极性,使学生对于体育课程更加期待,有更大的兴趣,从而提高学生的身体素质,并且使学生对体育这一门课程更加喜欢,能够达到教学效果。家庭体育是指学生在家长的组织和引导下进行体育活动。现在的学生大部分时间沉迷于手机,身体素质逐渐下降,只在学校上体育课并不能弥补,所以就需要家长组织孩子走到户外进行体育活动。社会体育是指学生参加社会上有关部门组织的体育活动,

比如市运会、社区运动会等。只有将这三者结合起来,以学校体育为中心,社会、家庭体育为辅助,才能有效地促使学生进行体育活动,使学生各方面得到发展,从而有一个更好的身体素质。

五、学校体育和社会体育、家庭体育相互作用

小学生是我们国家的希望,是新生代的力量。为了让小学生的身体素质不断提高,需要加强对学生体育意识的培养,促进学生有意识地进行体育知识的学习。教师除了在学校对学生进行体育课程的教学,使用体育游戏的手段,同时也需要让学生积极参与社会体育和家庭体育。学校体育还可以给家庭、社会体育提供相应的场地,家庭体育是学校体育的扩展,所以在学校体育中用到的体育游戏的手段也可以运用到家庭体育中。比如家长和孩子出去打篮球时就可以利用游戏的方式进行运动,这样不仅能使学生增强身体的活力,还可以使学生在一个良好的氛围中快乐地成长。社会体育还能为学校体育提供社会实践的场所,能够让学生在学校学习到的技能被运用,充分体现出学校体育教学的效果,让学生更有信心参加社会体育来展现自己。这些都是因为学校体育中利用了体育游戏化教学,让学生对体育活动有更大的积极性,在体育游戏的方法中学生边玩边学的状态能够让学生始终保持快乐的状态,所以体育游戏的运用,对学生的体育意识和身体素质的提高起到了很大的作用。学校体育必须与家庭、社会体育相互作用才能使得体育发挥出它原本的价值,达到体育教学的目标。

体育游戏在小学体育课程中是非常重要的,不仅能够帮助学生更好地消化知识技能,还能够让学生在学习的过程中更加开心,使学生始终保持一种积极向上的心态。并且,学校体育的教学还对家庭和社会体育有一定的作用,三者相互作用才能够将体育运动的力量更大地发挥,让更多的学生对体育有一个正确的认识,符合教学标准,提高学生的综合素质。

六、学校体育与家庭体育相互作用的分析

近年的体质健康测试结果显示,我国小学生体质方面还有待提升,在国家青少年体质测试中也显示出我国学生体质的欠缺问题。如何提升学生体质,促进学生健康发展,是小学体育工作者必须重视起来的问题。基于此,体育家庭作业被越来越多教师重视,但其在实施过程中还存在诸多问题。体育家庭作业作为课堂教学的一种延伸形式,将其进行真正落实,能够在很大程度上促进学生体质的提升。

《体育与健康课程标准(2011年版)》明确提出,要想更好地提升体育课程教学质量,教师就应当注重科学设计学生家庭作业,并在这个过程中着重提升学生的体质。因此,我们应该使体育家庭作业能够让学生更好地巩固教学内容,并在无形之中让学生体育锻炼的自觉性得到发展。与此同时,在新课程改革中明确提出增加体育课课时这一要求。

(一)小学体育家庭作业的必要性

充分分析我国历年来的体质健康数据发现,学生身体机能等指标都呈现出下降趋势。如果我们单纯应用体育课堂上的时间,去提升小学生体质,显然是不现实的。因此,我们对小学体育家庭作业进行科学设计,可以让学生对课后的时间进行合理应用,展开体育锻炼,最终在一定程度上提升学生体质。

《体育与健康课程标准(2011年版)》明确提出了以下内容:小学一、二年级的学生应该保证每周有四节体育课,小学三至六年级的学生应该保证每周有三节体育课。小学一、二年级学生几乎每天都能接触到体育课,他们要掌握的相关知识也是比较多的,在课后教师更应当注重引导其进行知识巩固,学生才能够对体育课上所学的知识进行进一步的把握,从而提升学生对整个体育课程的学习效率以及质量。学生到了三至六年级以后,在体育课

程学习中对于其动作技能方面也做出了新的要求,依靠每周的上课时间进行体育锻炼,就很难实现新课标中的相关目标。

目前而言,很多学校的体育运动场地以及器材都是较为欠缺的,这是我们不得不面对的现实问题,这也阻碍了学生在课堂上学习体育相关知识。课后再不去巩固和练习,学生也就无法充分掌握相关体育技能。

《体育与健康课程标准(2011年版)》明确提出,教师应该注重对于传统教学方法的改革、优化,通过设计科学的家庭作业,着重培养学生良好的体育锻炼习惯。因此,我们可以看出,专家对于体育家庭作业的支持,对体育家庭作业在提升学生体质方面的作用的肯定。

此外,学生在完成体育家庭作业的过程中,也会在一定程度上促进家庭体育发展,从而实现家庭关系和谐的目的。

(二)新课程背景下小学体育家庭作业的内容设计

在完成了一节体育课程教学的时候,教师通常会提一句:回家复习今天学习的内容。这种布置体育作业的形式是欠缺科学性的,教师也很难对学生作业进行检查。因此,怎样设计体育家庭作业内容,是每一个小学体育教师必须重视起来的问题。

教师在设计体育家庭作业的过程中,应该对不同年段学生的具体心理情况进行把握。比如,教师应当注重发展小学一年级学生的协调素质,提升二年级学生的速度素质,提升小学六年级学生的力量素质,等等。下面就相关内容进行了详细论述:

体育家庭作业本:教师可以给每个学生准备一本体育家庭作业本,本子上主要涉及七类身体素质,并在下面对具体的运动内容进行标注,如:在柔韧项目下可以对坐位体前屈以及跨栏坐等运动内容进行标注。

必练、选练内容进行有效融合:体育教师可以在设计家庭作业的过程中,对学生必须练习的内容进行设计,如课堂上学习到的知识,再对相应的选练内容进行设计,如身体素质训练等。在练习过程中,学生不但能够对课堂学习知识进行巩固,还能够对练习内容进行自行选择,从而实现提优补差的目的。

作业内容、考核内容进行有机结合:体育教师应当在新学期的第一节课,就明确期末考核内容,让学生在完成体育家庭作业的过程中有侧重点,并且让学生知道只有经过自身的努力,才能获得优异的成绩。

学生、家长锻炼进行有机结合:教师在对小学体育家庭作业进行设计的过程中,可以对家长配合完成的作业内容进行设计,让家长也能够参与到学生作业过程中来。在家长和学生共同锻炼的过程中,不但能够更好地督促学生完成体育家庭作业,还能促进家长与学生之间的交流。

作业内容、运动处方进行有机结合:部分小学生的体育能力是相对薄弱的,教师应当对其进行充分关注,并引导学生和家长一同对学生的减肥运动处方进行设计,从而帮助他们进行科学的体育锻炼。

作业内容、学生兴趣点进行有机结合:教师应当注重在学生的体育家庭作业内容中加入学生感兴趣的内容,让学生在自身兴趣的基础上,去选择体育项目进行锻炼。

作业内容、体育文化进行有机结合:教师在设计体育家庭作业内容的过程中,还应当着重引导学生对体育文化知识进行学习,作业中单纯设计身体练习的体育内容是不够科学的。

(三)小学体育家庭作业检查、反馈问题

班干部检查:教师可以引导体育委员对学生的体育家庭作业本进行定期收回,并让其对学生的作业具体完成情况进行标注,最终向体育老师反馈检查情况。

随堂检查:体育老师可以利用课堂时间来对作业情况进行随堂检查,对于完成情况较好的学生,教师应当对其进行及时鼓励。而对于作业完成情况有所欠缺的学生,教师应当注重对其进行科学引导。

竞赛形式:教师可以从学生作业中选取某一项目进行比赛,对竞赛形式进行合理运用,调动学生的好胜心,用这种形式来引导学生认真完成体育作业。

期末考核:教师可以把体育家庭作业当作体育期末考核的内容,让学生的体育成绩与平时作业完成情况挂钩。

家长评价:体育家庭作业的布置还应当得到家长方面的配合,教师可以引导家长在体育家庭作业本上对学生作业完成情况进行记录,并在作业本上写出家长对于体育作业以及体育课程的相关见解,从而利用家庭作业这一形式,密切家长与体育教师之间的交流。

(四)设计体育家庭作业应遵守的原则

安全性:教师在对体育家庭作业进行设计之前,应当先在课堂上给学生进行演示,并让学生了解其中的注意事项,从而更好地避免发生伤害事故。

规律性:教师在设计体育作业的过程中,应当着重把握学生的生理以及心理特点,遵循学生生长发育规律。

一致性:教师在设计体育家庭作业时,必须考虑学生其他家庭作业的完成情况,不能让体育家庭作业成为学生的负担。

自愿性:教师不能强制学生完成体育家庭作业,这样的做法反而不利于学生的成长。

兴趣性:教师应注重对多种科学的方式进行应用,把学生的运动兴趣调动起来。

综上所述,要想让体育家庭作业能够发挥其最大作用,学校、教师以及家长的全方位配合是非常重要的。唯有如此,体育家庭作业才能帮助学生发展自身身体素质,促进其更好成长。

七、学校体育与社会体育相互作用的分析

未来体育教育中应该开发社会体育力量来补充完善小学体育教学。体育课是小学生掌握体育理论知识和运动技巧的主要途径,也是引导小学生养成天天锻炼的良好生活习惯的主要方式,更是提升小学生身体健康素质与体育素养的重要措施。本部分介绍了开发社会体育力量对完善小学体育教学模式的重要性,总结了当前小学体育教学模式的不足之处,在结合小学生性格特点以及小学体育教学现状的基础上,为充分发挥社会体育力量对提高小学体育教学水平的促进作用提出一些具有较强可操作性的措施与建议。原有小学体育教学模式以理论式教学或者粗放式教学为主,许多小学体育教师会快速朗读小学体育教材上的内容,随后便让小学生进行自由活动。这不仅降低了小学体育理论教学效果和实践教学效果,也浪费了小学生的学习时间和精力,以至于小学生将体育课等同于活动课,甚至使小学校园内形成了体育课可有可无的氛围,弱化了小学体育课对提高小学生体育技能以及强化小学生终身体育锻炼意识的推动作用。社会体育力量介入小学体育教学活动之中,有效弥补原有小学体育教学模式的不足,为调整小学体育教育发展方向以及创新小学体育教学模式等都能产生积极的促进作用。

(一)简单介绍社会体育力量的基本内容

社会力量可以简单理解为参与到社会活动之中,并能促进社会发展的力量,既可以是自然人,也可以是企业等法人。社会体育也就是人们所熟知的大众体育,主要是指人们为了锻炼身体、塑造体型、休闲娱乐或者结识朋友而主动参加的体育活动,这种体育活动主要具有要求较低、形式灵活、内容丰富的特点。社会体育力量则是指让社会体育教学培训机构参与到小学体育教学活动之中,实现社会体育教学机构与小学体育课程的优势互补、共同发展,利用社会体育力量来解决小学体育教学过程中出现的问题,从而实

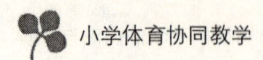

现小学体育教学水平与教学效果的共同提升。

（二）利用社会体育力量来提高小学体育教学效果

当前我国小学体育教学面临着区域发展不平衡的问题，部分地区的小学体育教师比较紧缺，许多小学体育教师是由其他小学学科教师兼任的，他们并没有接受过系统化、专门化的体育教育培训，缺少基本的组织开展小学体育教学活动的经验和技巧。还有一些小学体育教师自身专业知识体系与小学体育课程设置存在很大的差异性，比如，小学体育教师比较擅长教授篮球相关知识与技能，但是小学教学体育课程却以足球教学为主。小学体育教师只好从零开始学习足球相关知识，基本上处于现学现教的状态，虽然小学体育教师顺利完成了小学体育教学任务，但是也造成小学体育足球教学水平普遍较低的局面。甚至还有少数体育教师直接按照小学体育教材上的知识点进行讲解，这时候，小学体育教师的体育知识讲解模式以阅读教材为主，加之，小学体育教师阅读速度较快，这些都降低了小学生对体育知识的理解力与记忆力。

在未来小学体育教育中，可以将小学体育课承包给社会体育教学机构，这有助于缓解小学体育教师数量不足与小学体育教学任务加重之间的矛盾，满足了互联网信息时代对提高小学体育教学质量与教学效率的基本要求。同时，将体育课承包给社会体育教学机构也实现了压缩小学体育教师编制的目的，相关部门也应加强对社会体育教学机构的资质审核力度与监督力度。社会体育教学机构必须具备相关资质，其教师也应持有教师资格证，并接受过系统化和专门化的体育训练。相关政府部门应从众多社会体育教学机构之中选择出证照齐全、信誉好、教学水平高的社会体育教学机构，邀请小学体育教师、学生、家长以及社会各界人士参与到社会体育教学机构评价活动中来，定期公布社会教育机构评价标准和评价结果。对于评分较低的社会体育教学机构采取停止合作的处理措施，并将其纳入小学体育社会教学机构信誉系统之中,取消其参加小学体育教学的资格,从而提高对社会体育教学机构的监督管理力度,促使社会体育教学机构主动创新教学模式、提高体育教师教学能力,促使体育教师主动学习最先进的小学体育知识和小学体育教学技巧,实现社会体育教学机构体育教师专业素质与教学能力的持续提高。同时,小学体育社会教育机构信誉系统的完善也促使社会体育教学机构调整小学体育教师队伍,让小学体育教学经验丰富、体育知识水平高的教师来担任小学体育教学教师。通过创新小学体育教学环节等方式来提高小学生参加体育教学活动的积极性和主动性,培养小学生体育锻炼的兴趣爱好,充分发挥了小学生主观能动性对提高小学体育教学质量的促进作用,进而实现了提高小学体育教学质量的目标。

(三)利用社会体育力量来补充和延伸小学体育教学内容

原有小学体育教学内容以专门的小学体育教材为主,造成了小学体育教学内容的局限性与束缚性。小学体育教师很少关注和了解小学生对不同体育项目的兴趣,小学体育教师按照自己的习惯与喜好来选择和决定教学内容,这些都不利于小学生体育知识面的延伸,无法满足小学生不同的体育学习诉求。社会体育教学机构的体育教师数量较多,这些体育教师在常年的体育教学过程中积累了丰富的体育教学经验,小学生可以根据自己的兴趣爱好和体育学习需求来选择不同的体育项目和体育教师,提高了小学体育教育的个性化和全面化,这也与小学教育因材施教的基本原则相吻合。同时,利用社会体育力量也有助于提高小学体育教学内容与社会生活的关联性,提高小学体育教学内容的生活性与社会性,有助于激发小学生体育学习的热情。

(四)利用社会体育力量来提高小学体育教学活动的连贯性与持续性

政府相关部门应在结合小学生身体发育特点、身体健康素质现状以及兴趣爱好的基础上,制定出更加科学合理的小学体育教学计划和教学方案,帮助社会体育教学机构确定不同阶段的教学内容,这样能为社会体育教学机构组织策划小学体育教学活动指明方向,体现小学体育教学不同阶段教学内容的连贯性与互动性,有效降低小学体育教学内容出现重复、混乱等情况的概率。小学生可以选择自己喜欢的体育项目进行系统学习,当参加完一学期教学活动之后可以重新选择其他体育项目,从而掌握不同体育项目的不同技能。提高小学体育教学的整体性也有助于提高小学体育课程衔接的流畅性,避免小学生因升学等原因出现体育教学活动中断等情况的发生。另外,合理利用社会体育力量有助于增强小学体育教师的危机意识与紧迫感,促使小学体育教师不断提升其自主学习能力与创新能力,有助于实现小学生体育素养与小学体育教师教学能力的共同提高。

总之,要加大小学体育教学现状的研究力度,提高对社会体育教学资源的有效利用率。通过加大社会体育教学机构监管力度以及完善小学体育课程体系等途径来推动社会体育力量实现小学体育教学目标,提高小学生体育技能,促使小学生养成良好的体育锻炼习惯。

第三章
体育协同教学的类型和路径

第一节 体育教学与德育的协同

一、体育比赛与学生德育教育的协同

为了进一步提升德育教育的综合水平,教师要尽可能地抓住任何一个德育教育的机会,在夯实教学流程的基础上,确保教育教学能够得以优化。本节结合案例对篮球课误伤事件进行德育教育、师德教育、德行教育等教学策略展开了讨论,为以后的教学、训练工作提供一定的理论和实践指导。

某小学六年级星期五安排两节体育课,第一节是六年级1班,刚开始上课时体育教师王老师就带着学生完成了准备活动,并且要求几个参加篮球比赛的学生进行专门的热身练习,同时组织其他学生完成当天的教学任务。在安排完学生的活动后,王老师就到女生练习篮球的场地对其进行比赛情况的总结,其中主要向学生讲解了比赛中尽量避免犯规动作等,然后王老师和学生进行了跑位、阻挡以及摆脱等技术的练习,下课后学生也回到了班级。王老师的第二节课是六年级2班,基础性教学流程和1班基本保持一致,但是,在教学过程中却出现了意外。王老师在示范运球时,摆脱两个学生跨步上篮时被侧面冲出来的学生撞到,学生仅仅是想断球,却没有控制好角度,王老师当时嘴角出了血,尽管非常生气,但是看到诚惶诚恐的学生,他并没有多说,仅仅是退到场外休息。过了一会儿课外活动时间到了,王老师在组织执裁比赛的过程中却发现2班学生都是缩手缩脚,整个比赛过程都缺乏了斗志。王老师立刻叫了暂停,并且利用话语打消了学生的顾虑,要求学生轻松上场。结果那场比赛六年级2班以大比分获得了胜利,王老师进行了针对性的德育教育工作。

结合教学案例可知,教师要想提升学生对于德育知识的认知水平,就要结合教学要求和教学环境适时完成德育教育工作,确保能发挥德育教育的时效性,从而在一定程度上提高教育的效果和水平,真正落实德育教学的教学目标,并且建构更加系统化的德育教育规划项目。

(一)道德教育

在体育教学工作开展过程中,教师要结合学生的基本学情建立相应的教育指导机制,无论是知识教育过程还是体育精神的德育教学过程,都要将学生的感受作为关键,确保能突出学生作为教育主体的地位,真正打造更加完整的课程结构和教学模式。需要注意的是,在本案例中,教师在进行篮球教学的过程中,被学生误伤,究其原因是女生在练习篮球的过程中往往会出现防卫过当的现象,多数女生的篮球技术并不成熟,对于篮球规则和篮球比赛的经验也存在不足,往往成为被照顾的对象,一些规则操作还没有形成正规的认知。

基于此,教师在教学过程中要更加重视教学过程的合理性和有效性,并且尽量提升掌控课堂的能力,提高学生的规则意识,尽可能地减少女生在篮球比赛中一些较为常见的不规范动作,从根本上提高动作的标准化程度。教师正是借助这一次误伤事件对学生进行了规范化动作的指导,确保学生和教师之间能形成良好的学习互动,从而提升教学的综合质量,也为后续教学工作的全面开展提供保障。

体育教师在实际教学工作中,要将道德教育和技能教育进行协同管理,保证相应教学质量能满足实际教学要求和德育目标,切实提升篮球运动指导工作的综合水平,也能将过程和结果进行统筹指导,从而保证教育工作的实效性。

教师在课程教学体系内要整合德育教学流程,确保教学框架结构和教学目标之间的契合度,从而真正发挥教育的价值和应用的意义。借助适时的德育教育整合教学流程,不仅能优化教师和学生之间的互动效果,也能从根本上提高教育教学的综合发展水平,一定程度上为学生综合素质的提升奠定基础。

(二)球德教育

在体育课教学体系内,教师除了要指导学生掌握标准化篮球动作外,也要培养学生形成良好的"球德"意识,并且能在比赛和学习中真正秉持"友谊第一,比赛第二"的原则,不仅要遵守规则、服从裁判指导,也要尊重对手,尊重自己。尤其是篮球比赛,并不是一个人的运动,而是集体运动,考验的是集体的团结能力。因此,教师也要借助教学过程,培养学生团结合作以及顽强拼搏的精神。

一方面,教师要在常规化教育教学过程中落实完整的德育教育体系,并且要将宽容教育、理解教育等落实在德育教育中,有效完善适时教育的合理性,从而提升教育教学工作的综合效果。

另一方面,教师要对学生进行团队教育指导,确保学生能在实际练习过程中有效享受比赛的过程。学生要发挥自身的球技,体会到运动过程中的乐趣。基于此,良好的球德教育就是引导学生全面提高自我认知的过程,也是进一步满足德育教育综合素养的根本。

(三)师德教育

在体育教学过程中,教师要作为表率向学生示范正确的动作,针对篮球比赛中难免出现的突发事件,予以合理性的指导教育,并且抓住教育契机有效发挥师德教育的优势和价值。尤其是针对学生出现的撞倒、绊倒以及肘击等动作,教师要保持冷静,切忌对学生大发雷霆,而是要对学生进行综合性指导,要心平气和并且循循善诱地开展适时的教育工作,确保学生能真正体会到教师的良苦用心。

需要注意的是,若是教师伤及学生,教师要问明情况后判定学生伤情的轻重,要制定妥善处理的方案,及时向学生主动道歉,确保能和学生形成平等的师生关系。并且,教师要借此机会向所有的同学表示歉意,且要指明刚才误伤过程中可能出现的失误。对于学生而言,多数教师往往有着神圣不可侵犯的光环,这也使得一些教师和学生之间存在着交流的鸿沟。因此,教师要把握住现身说法的机会,利用师德教育提高学生对相应问题的认知水平,并且和教师之间建立平等的师生关系,为德育教育工作的顺利开展提供保障。

(四)德行教育

为了进一步提升教育教学工作的综合效果,教师要结合学生的基本需求开展相应的德育教育,无论是在课上还是在课下,都要结合相应的教育内容进行集中指导,确保教师和学生之间能形成良好的互动,真正提高学生对问题的认知能力。首先,教师要针对学生的违规动作进行制止和约束,而对于一些学生的榜样作用要给予肯定以及激励,合理利用德行教育流程,确保学生能在学习过程中提高自身的综合素质。其次,教师要更加关注身教的意义和价值,真正提高教育教学工作的综合水平。第三,教师在球场上的一言一行都是学生学习的榜样,这就需要教师及时约束自身的行为,确保能发挥德育教育的优势,为学生打造良好的教育环境。

总而言之,篮球比赛中误伤事件时有发生,教师要抓住德育教育的机会,结合学生的实际情况,有效开展相应的指导工作,并且保证学生能从教师的教学过程中真正体会教育的力量,也为学生全面提高自身素质和综合水平奠定基础。

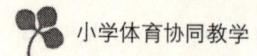

二、学校体育与中华传统文化德育教育的协同

体育运动学校一直以专业为主,在一定程度上会忽视学生文学修养的培养。中华上下五千年的优秀传统文化,应该重视起来,让学生加以了解和学习。我们简单探讨一下,中华优秀传统文化对体育学校的德育教育的促进作用。

国家体育总局表示:一定要促进我国运动员,尤其是青少年运动员的全面发展。由此可见文化教育对体育运动学校学生的重要性,不仅要培养青少年的身体素质,还要提高青少年运动员的文化素质。

(一)体育运动与学校校园文化建设的重视

对学生的教育中,一直在极力倡导:学生要继承并弘扬中华民族的优秀传统文化。实际上,也就是弘扬"以人为本,天下大同"的价值观。

那么,对于校园的文化建设来说,其实就是弘扬中华民族优秀传统文化的场所,当然也是培养学生综合素质的载体。其次,我国的优秀传统文化自古就有教化民众的道德力量。因此,重视建设校园文化,并在学校中推广中华民族优秀的传统,也不失为一个很好的办法。比如以下方面。

学校可以定期举办一些大型的传统文化活动,像书法、绘画之类,鼓励有这些爱好的教师和学生都参与进来;举行诗歌朗诵,选择一些国学经典,如四书、五经等,也可以选择以吟诵的方式演绎,更加凸显出传统文化的韵律美;安排一些像《霓裳羽衣舞》《飞天》等具有古典美学的舞蹈节目,使学生感受曼妙的古典舞蹈艺术之美;甚至在活动中,还可以穿插我国的经典国粹——戏曲,如黄梅戏、京剧等传统戏曲片段,丰富校园传统文化活动的内容,让学生体验别样的人生,从中也提高学生的审美能力,培养学生的艺术鉴赏能力和艺术文化素养,为弘扬我国传统文化做出一份贡献。

校园文化的开展是使独树一帜、博大精深的中华传统文化不断发扬、传承、延续的很好途径。透过校园文化氛围的建设,也能够让师生更加深入直观地了解我国各民族源远流长的文化,强烈感受到各具特色的中华文化,以及它独特的魅力。在活动的过程中,师生、生生之间的合作交流增多,拉近了距离,更加亲密。这些活动丰富了学生在学校的课外生活,拓宽了学生的知识面,使学生沉浸在一种良好的文化氛围中。学生在这样的环境中学习,受到良好的古典文化的熏陶,身心发展更加健康。这样的活动不仅可行,还应该积极大胆地进行推广。

(二)体育运动与学校国学经典的普及

在我国历史长河中,一字一词都闪耀着无比耀眼的光芒。经典都是不朽的传奇、不灭的太阳,是我国优秀的智者总结出来的精粹。

比如:《周南·关雎》中"关关雎鸠,在河之洲;窈窕淑女,君子好逑",寥寥几句,便勾勒了一幅赏心悦目的女子画卷;《邶风·击鼓》中"执子之手,与子偕老",讲述了那个战乱的年代,在杀伐战场中军人之间坚定的友谊等;楚辞《离骚》中"朝饮木兰之坠露兮,夕餐秋菊之落英",述说了在战乱的年代,人们向往那种惬意闲适的田园生活等;宋词《水调歌头·明月几时有》,词人尽管自己身世飘零,还是在中秋之夜,对着月亮举杯,愿天下之人都能团聚,不再饱受离别之苦等;《声声慢·寻寻觅觅》,在疾风骤雨的时刻,词人抒写了对已故亡夫的思念、自己的孤苦伶仃,以及毫无依靠的沉郁凄婉的景象等;《三字经》《百家姓》,语言精练,朗朗上口,极富韵律,高度概括了广泛的知识;等等。

中华文化博大精深,仅仅三言两语,就可以把人的感情描述得淋漓尽致,每一处细节都值得细细推敲,仔细品味。在不同时间、年龄、地点以及境遇,品读经典的感受都不一样,让我们不得不佩服古人优秀的文化底蕴、极具魅力的文化艺术功底。在这个什么都讲究快速的时代,很少有人可以真正静下心来仔细品读这些带给我们无穷想象的语言文字。

在笔者看来,国学经典并不是奢侈品,而是人这一生中必不可少的"营养液"。阅读好的经典作品,可以改变一个人的气质。一言一语皆学问,这就是我国的传统文化,它能在潜移默化中,改变一个人的性格,使其不断提升自身的审美能力,提高自身的人文修养。

(三)体育运动与学校传统美德教育的加强

中国优秀传统文化集中体现在中华美德教育中,是中华上下五千年历史沉淀的、对于后代十分有益的道德美德教育的灿烂文化遗产,凝聚着中华民族不朽的灵魂。

比如:顾炎武的"天下兴亡,匹夫有责",陆游的"位卑未敢忘忧国",岳飞的"精忠报国";"非淡泊无以明志,非宁静无以致远""疾风知劲草,板荡识诚臣""出淤泥而不染,濯清涟而不妖""粉骨碎身浑不怕,要留清白在人间""千磨万击还坚劲,任尔东西南北风"的节气。

当然,以上所说的高度都比较高,在现实生活中,也有中华传统的美德,比如"落红不是无情物,化作春泥更护花""春蚕到死丝方尽,蜡炬成灰泪始干""随风潜入夜,润物细无声""桃李不言,下自成蹊""一日为师,终身为父"的奉献精神;"慈母手中线,游子身上衣""爱亲者,不敢恶于人;敬亲者,不敢慢于人""孝在于质实,不在于饰貌""谁言寸草心,报得三春晖"的亲情。在生活中,我们应该学会感恩,感恩也是中华民族的传统美德:感谢老师辛勤的培育;感谢父母辛苦地养育我们成长;感谢国家带给我们安定的生活环境,让我们免受战乱。但在实际情况中,感恩这种传统美德正在逐渐被很多人遗忘。现在很多学生都有手机,但是他们拿着手机,并不是经常给家长打电话问候家长,可能只有在没有钱的时候才会想到父母;还有一些学生,是因为想要满足自己的物质需求,所以才会打电话给父母,一旦自己的条件不能得到满足,轻者和父母吵架,威胁父母,严重一点的甚至还会离家出走。这就是传统的感恩文化被漠视的后果。面对这种情况,应该加强对学生的感恩精神的培养,使学生学会感恩。父母对自己的爱和付出,老师对自己的辛勤教育,大自然给予自己的慷慨馈赠,以及社会给予自己的安定的生活条件等,这些都需要我们去感恩。

立德树人一直是我们追求的教育教学目标,也是一项根本的任务。所以,不论在哪所学校,学习什么专业,都不能忽视中华传统文化对学生的教育和培养意义。

第二节 体育教学与语文教学的协同

现如今教学的终极目标应该是培养学生的综合素质、积极向上的人生观、价值观以及健全的人格特征,所以教育的重点不能仅仅放在对文化课的教学上,还需要考虑学生们自身的兴趣以及特长,并且把他们的优点放到最大。教育不是教知识就够了,更重要的是教会他们怎样做人,怎样为人处世,更好地适应社会环境的变化,为日后的长远发展打下基础。将体育教学与语文课程整合也就是把语文课程中的某些元素与体育教学内容有机地结合在一起,利用多元化的形式促进学生锻炼身体的同时也能够学到文化知识,从而使身心得到全面发展。

一、体育教学与语文课程整合的必要性

(一)提升学生综合素质

体育教学可以充分锻炼学生的反应能力与思维能力,学生在不断运动的过程中能掌握一些在语文教学中学不到的技能。通过语文教学让学生充

分体会到文章表达的思想与情感,是对精神层面的一个提升,这也是体育教学做不到的。如果可以有效地将两者结合起来,那么就可以让学生把在语文课堂中学到的一些类似于坚持不懈、勇敢无畏的精神运用到体育活动中,从而提高自己的身体素质。如果可以有效地将两者结合起来,那么就可以让学生把在体育课堂中养成的快速反应、灵活思考等素质运用到语文学习中,从而提高自己的学习能力。将体育教学与语文课程整合也可以缓解学生们的一些消极低沉的情绪,或者是放松一下锻炼后过于疲惫的身体,有利于学生们身心的协调发展,而且在一定程度上把学生掌握的知识与技能融合在一起,从而提升了他们的综合素质。

(二)激发学生学习兴趣

健康的身体是学习与生活的基础,如果没有良好的身体素质,一切都是空谈。但是由于各个学校长时间对于体育教学的忽视,导致大多数学生身体素质较差,学生主观上也就更不愿意去锻炼了,对体育锻炼没有什么兴趣。这个状态需要循序渐进地改变。在体育课程中加入一些语文的元素,比如将动作要领编成口诀、将游戏规则编成顺口溜等,便于学生理解和掌握。而身体锻炼这一部分的强度可以适当设置得低一点,主要是要提升学生对于体育锻炼的兴趣。

在语文教学活动中,教师可以穿插讲一些关于体育活动的相关知识或者是安全的注意事项,这样不仅能够让学生更快理解,激发学生的学习兴趣,也能调节课堂氛围,在轻松愉悦的学习氛围中掌握知识。兴趣是最好的老师,其实学生都是喜欢在活跃动态的课堂环境中学习的,将体育教学与语文课程结合在一起能够鼓励大家主动积极地参与到课堂中来,既能锻炼好身体,又能学到对自己有益的知识,何乐而不为呢?

虽然,目前国家出台了一些政策,重视体育课的作用,但是,部分学校体育课程的设置仍然存在一些不合理的地方,比如课程设置低于国家标准、课程抢占现象仍然存在等,所以学生进行锻炼的时间与机会都是非常少的。将体育教学与语文课程结合在一起的教学模式其实潜在地增加了体育课的时间,从而让学生意识到进行体育锻炼是非常有必要的,而且在这个过程当中学生的学习积极性与热情也将进一步得到提升。

(三)教育改革的必然趋势

教育改革的目的是摒弃传统教育带来的弊端,改变学生死读书的现状。如今教育模式已经不仅仅拘泥于单向的授课方式,而是通过一些不同领域知识技能的融合来提高学生的适应能力与运用知识的能力。其实所有知识本就是一体的,但是现如今往往还是把知识割裂开来,出了一个圈进入了另外一个圈,却没有多少人能够意识到需要把两个圈合二为一,这样自己的知识领域又能够再扩大一些。

体育教学与语文课程融合在一起就是对于这种现象的一大突破,重点培养学生能够把自己学到的知识全部融合成一体。这样,不论是在学习还是生活中都不至于说对某一个领域完全不了解,总能把自己知道的从另一个方面讲出不同的见解,这才是学习的最高追求,这也不是简简单单的分数能够决定的。社会需要的人才很多时候不是看你的学历有多高,知道的有多少,而是看你能不能把自己知道的有限的东西不断扩大,成为自己的东西。早些意识到这一点,就能够及时发现自己现在存在的问题并且迅速改进,对自己日后的发展有利无害。

二、体育教学与语文课程整合的有效措施

(一)实践与教学相统一

语文是很有趣、很有魅力的一门课程,但是为什么仍然会有很多学生不喜欢这门课或者是对这门课无感呢?一个很重要的原因就是教师上课的形式过于枯燥无味,单一无趣,扼杀了学生学习语文的信心与兴趣。其实,学

生对于自己能够参与进来、能够亲身实践的环节比较感兴趣,所以教师可以抓住学生们的这一心理特征,把语文课程与体育教学结合在一起,让学生在运动的课堂中学习语文知识。这样,效率和速度也会得到大幅度提升。

比如在语文课堂上学到了关于团结精神的一篇文章,就可以在体育活动中设置团体竞赛的项目,如接力比赛或者是拔河比赛,这样才能够让大家更好地理解课文中表达的精神与思想。而且两者一定要紧密结合,相辅相成,才能够发挥出最大的效果,让学生把学到的东西灵活运用到实践中去。

(二)合理运用多媒体技术

在如今这个快速发展的互联网时代,多媒体技术早就被引入到了课堂之中。在语文课堂上如果正好讲到了有关体育项目、体育精神的文章,教师就可以借助多媒体手段通过一些图片来直观地介绍某一项体育运动,或者是利用奥运会上运动健儿获得荣誉的有关视频片段来辅助讲解,这种方式能够最大化地激发学生们的兴趣与激情,使他们更加深刻地领会到课文中表达出的强烈的思想感情。这种教学方式对于学生来说是有趣的、新颖的,更是易于接受的,上课的效果也能够得到保证,在很大程度上培养了学生对于语文学习与体育锻炼的双重兴趣,也利于智力与体力的共同发展与进步。

(三)鼓励学生写作

写作在语文学习中占据着重要的地位,不仅对于语文能力与素养有着极高的要求,而且要求具备创新与多元化的思维模式。在结束一节课的体育锻炼之后,教师也可以让学生写出自己的心得体会以及对这堂课的看法,字数不用很多,只要能表达出自己的想法就可以。当然教师也需要设置合理有趣的运动项目,否则学生们写出来的东西都是空话,根本没有自己的真实观点,也就更谈不上提高写作水平了。通过写作,学生可以总结出这堂体育课自己究竟学到了什么,成长了多少,通过巩固反思来不断提升自我,也能更加理解体育锻炼的意义所在。在这个过程中,学生的写作水平也得到了大幅提升,很大程度上促进了学生对于语文的学习,提高了语文水平。

总而言之,将体育教学与语文课程进行有机结合是非常有必要的,不仅是顺应教育改革的必然趋势,更是为了学生日后的发展考虑,真正提高他们的身体素质的同时加强对语文的学习,促进了语文教学与体育教学质量与效率的提升,对于我国教育事业的发展具有重要意义。

第三节 体育教学与数学教学的协同

小学学校体育与数学学科的跨学科结合与协同是当前新课改教育下所提出的新教学理念与新要求,它旨在培养小学生的学科知识理解能力与综合素养,丰富教学内容,体现更强的体育教学互动性、开放性与灵活性。我们主要结合多点案例探讨学校体育与数学学科教学的协同配合关系,为学生构建体育—数学联动学习内容与学习思路。

小学教育是人类个体的启蒙教育阶段,所以在该阶段教育应该让学生更广泛、更灵活地接触各类知识,并将知识内容学以致用,合理利用6—10岁年龄段小学生善学爱学的基本特点激发他们的学习兴趣与学习热情,让他们能够全情投入学习活动氛围与内容中。在新课改背景下,跨学科教学设计愈发多元化,它有效提高了课堂教学质量,也活跃了师生之间的互动氛围,对小学生的学习能力提高与个性健康成长都有较大益处。

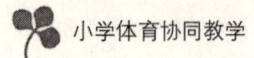

一、学校体育与数学学科教学的协同发展目标

在小学教育体系中,体育与数学两大学科存在共同点,二者都能培养学生良好的理性思维、创造性思维与实践操作能力,而积极开展体育教学并协同融入数学学科内容则可有效激发学生学习兴趣,使学生能够以相对愉悦轻松的心情融入学习活动氛围中。此时教师就要无限激发他们的思维活跃性、发散性与能动性,实现体育与数学内容的自然有机过渡、融合,实现对整个教学内容、模式与流程的优化,提高体育课堂教学品质。而且,传统教育无论是小学体育还是数学教学过程都表现得相对枯燥乏味,教学内容单一且规律性较强,容易让小学生在学习过程中产生厌烦逆反心理,所以在新课改背景下实现二者的跨学科融合协同也是一项巧妙创举,它让教师与学生双方都同样意识到数学与体育教学的重要性与相互关联性。这也达到了跨学科协同教育的最终目的。

综上所述,教师要在体育课堂教学中合理把握、协同运用小学数学知识内容,提高教学互动性,鼓励学生共同思考创新体育和数学融合教学策略,同时体现小学数学与体育的教学价值。

二、学校体育与数学学科教学的协同发展策略

虽然小学体育与数学是截然不同的两门学科,但实际上二者之间却存在相当紧密的、千丝万缕的关联。体育学科教学不仅仅以身体锻炼等体力运动为主,它还包含了大量的脑力运动环节。比如说体育教学中就涵盖了诸多数学知识内容,教师一定要合理把握这些数学内容,为学生培养良好且具体的形象思维,逐渐取代原有行为思维特点,真正将体育运动与数学知识有机结合起来,让学生体会到体育课学习活动中的运动乐趣与运算乐趣,潜移默化中教授学生数学知识,使他们形成良好自然的运动思维,做到双学科

同学习、同进步。以下主要结合两点探讨小学体育教学中融入数学学科教学的具体教学策略。

（一）在体育队列队形的教学中融入数学知识内容

体育队列练习是小学体育课堂教学中的基础内容，该基础教学中也可融入基础的数学知识，比如报数，在报数过程中学生就复习巩固了100以内的数字。而在队列练习之间教师要求学生按照身高进行排队，高个子站在后面，矮个子站在前面，这就激发了学生的对比意识，在寻找自己位置的同时也复习了数学教材中的"高矮问题"，并学会了如何在体育课堂上站队。

在成队列齐步走的练习过程中，教师还可引入多边形知识内容，例如三角形、菱形、四边形甚至是圆形，等等，组织学生合理组成各种队列。该队列训练过程以数学知识为依托，强调学生在体育学习过程中合作性思维的有效发挥，保证每一名学生都能遵从集体安排，进行灵活变化，并在训练过程中始终不忘将数学知识融合进来，用身体感受列队形成图形的成就感，进而熟悉了解各种多边图形的基本性质，巩固数学知识，完成教师所布置的各种队列队形要求，一举两得。

（二）在体育游戏的教学中融入数学知识内容

为了保证体育教学与数学教学的完美融合，教师首先要思考突破传统体育教学模式，在体育课堂上渗透融入更多数学知识内容，保证学生能够学以致用，举一反三。再如，在篮球投篮体育教学过程中，教师要求学生首先以篮筐为中心围成一个长方形，然后开始投篮。有些学生进球多，有些学生则进球少，学生感觉疑惑不解。此时教师就面向学生解释原因，因为每一名学生距离篮筐的距离和角度都是不同的，而且每一名学生的投篮命中率也不同，所以才会出现如此情况。此时有些学生询问教师，那有什么公平的方法让大家都能在同等条件下投篮吗？于是教师就要求学生围绕篮筐站成一个半圆，再次尝试投篮则问题得到解决。通过这一体育游戏就告诉学生，如果以篮筐为圆心,学生们所站成的半圆与篮筐的距离都是一样的,即都是圆的半径长度。此时教师就进一步为学生讲授了圆心与半径的相关知识内容,并将半径概念传授给学生。在该教学过程中,教师首先培养了学生的观察能力与理解能力,然后通过投篮练习锻炼他们的体育运动能力,最后通过思考深入学习理解这一重要的数学知识点。

三、体育教学与数学学科教学协同的案例设计简析

以苏州市吴江区盛泽实验小学为例,该校近年来一直推崇跨学科素质教学机制,希望实现多学科协同融合与优化,提高教学质量。在该校内的小学体育学科就与数学学科巧妙融为一体,展开协同教学,以下主要介绍一例该校的体育—数学协同教学设计案例。

(一)问题研究——以"跑道上的数学问题"为例

在"跑道上的数学问题"研究中,教师将体育学科内容与数学学科内容巧妙联系起来,希望实现学科间协同。首先教师向学生提问:"大家知道一条正规的直线跑道长度是多少米吗?"大部分学生是不知道正确答案的,教师公布正确答案(85.96 m)后与学生继续讨论,思考分析运动员沿着跑道跑一圈,各个跑道之间的差距会体现在跑道的哪一部分。

(二)解决方案

结合上述问题的提出教师引入了半圆形跑道弯道的问题。将两个半圆形跑道弯道结合起来就形成了一个圆,此时再次向学生提问:"该如何找出相邻两个弯道的差距,它们的差距是谁的长度之差?"结合这一问题教师教会学生如何计算圆的周长,并算出相邻两个圆周长相差几米,结合一系列计算就能最终计算出相邻跑道的差距(相差几米)。

(三)巩固练习

为了有效巩固学生所学习的知识内容,教师要继续引出巩固练习内容,

结合生活实践应用题帮助学生进一步学习。例如:"比赛过程中跑道道宽有所调整,大家能否再次计算出跑道的长度?"

假设以 400 m 的跑道为例,它的道宽设置为 1.25 m,它的起跑线应该依次提前多少米? 结合已知条件,学生就利用圆周率计算出结果如下:

$1.25 \times 2 \times \pi = 2.5 \times 3.14159 = 7.85$ m

同理,教师还可随意改变道宽,让学生计算起跑线依次提前长度,并对结果进行比较,体现该数学计算方法的实用价值。

在教学最后阶段,教师要适当拓展延伸教学内容,例如设计黄金跑道教学案例,进一步为学生解读圆心、半径等数学知识在跑道上的应用,告诉学生对于职业运动员来说,弯道的跑法是最为重要的,他们也需要在弯道跑法上进行深入研究。融入更多的数学元素,如此可吸引小学生的兴趣,鼓励他们进一步深入学习相关的知识内容。

综上所述,小学学校体育与数学学科的有效协同可助力体育教学内容、形式的丰富和优化,提高小学数学知识传授的趣味性与灵动性,客观地说,二者的有机结合对学生学好体育、数学知识都是非常有好处的。为此,苏州市吴江区盛泽实验小学在体育与数学跨学科协同教学方面也做出表率,他们切实有效地理解了跨学科知识内容的融合特性,为学生更深入学习学科知识内容另辟蹊径,值得称赞。

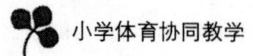

第四节　体育教学与英语教学的协同

近几年我国教育改革不断深化,小学各学科教师纷纷按照新课程标准要求,转换传统教学模式,创新教学方法,深化素质教育。小学体育积极响应号召,创新体育教学,摒弃传统教学劣势,引进新兴教学理念,大胆尝试新的小学体育课堂教学方法,将英语教学与体育教学相融合,以"双语"为体育教学工具,激发小学生的好奇心,提高小学生对体育课的学习兴趣,充分发挥双语教学的文化性、知识性、交流性与工具性,促进我国小学体育素质教育发展。以下结合实际小学体育教学经验,探究小学体育课开展双语教学的具体方法,以期为各小学体育教师的双语教学改革提供有价值的参考。

目前,小学体育教师将英语教学引进体育课堂教学过程,将英语同汉语一样作为体育课堂的教学工具与交流方式。小学体育教师在体育课堂双语教学过程中,要明确创建体育双语教学模式的目的,正确认知在小学体育课开展双语体育教学的重要意义,将小学生的主观学习兴趣作为施展教学手段的主要因素,并采取"小学生按年级划分阶段,循序渐进开展体育双语教学""开展快乐教学,激发学生的学习兴趣""运用肢体语言教学,将体态与语言相结合"等教学方法,引导小学生在轻松、和谐的课堂中学习知识,强健体魄。

一、将小学生按年级划分阶段,循序渐进开展体育双语教学

小学一般包含6个学年,一般情况下,相邻学年之间的学生具有一两岁的年龄差距。因此,小学阶段的学生整体年龄差距较大,年龄层次较多,不同年龄的学生由于生活环境与成长经历的不同,在认知水平、智力发育、情感发育、生活经验与英语水平方面具有一定差异。小学体育教师在开展双语教学时,要充分考虑到这种不同年级学生之间的综合差异,将不同年级的学生进行划分。比如:一、二年级的学生设置为低年级组,三、四年级的学生设置为中年级组,五、六年级的学生设置为高年级组,针对不同年级组学生的不同英语基础与学习能力设置不同难度的体育课堂交流语言,让学生根据教师的英文指令做出相应的动作或选择运动。比如,教师在给中年级组上课时,让学生选择不同的球类运动,提供篮球、足球和排球,分别做出"basketball""football"与"volleyball"的指令,在认识不同球类英文单词的基础上选择自己感兴趣的球类运动。

二、在低年级组开展体育双语教学

体育教师在低年级组开展体育双语教学,首先要认真分析1—2年级小学生的思维特点,这个年龄阶段的学生更善于通过直接印象认识并接受新鲜事物。体育教师在课堂教学过程中可以尽量使用如"肢体语言""表情语言"等较为直观的讲解方式,让学生在教学中不知不觉地记住教师的英文指令与体育用语。比如:体育教师在给学生讲解基本的体育口令与动作时,可以分别准备英语口令与英语卡片,教师先喊"稍息"并做出相应的动作,然后拿出"standatease"的卡片并再次用英文重复"稍息"口令,通过肢体语言将"standatease"是"稍息"的意思直观展现给学生,重复几次,学生就会明白"standatease 是稍息、attention 是立正、fall in 是集合、Left dress 与

Right dress 是向左看与向右看、Count off 是报数、roll call 是点名"。这种方式不仅能够使体育教学适应低年级组学生的认知特点,还可以激发 1—2 年级学生的体育学习兴趣与对体育英语的好奇心,调动学生的课堂参与积极性,为学生营造良好的体育双语教学环境。

三、在中年级组开展体育双语教学

体育教师在中年级组开展体育双语教学,教师要充分了解 3—4 年级学生的认知特点与接受新鲜事物的方式,从学生角度出发,创建能够满足此阶段学生的心理需求与身体发育需求的体育双语课堂教学模式。此时的小学生随着年龄的增长已经逐渐由"无意识"的认知水平提升为"有意识"的认知水平,能够主动地、具有目的性地进行一些事物的学习与认知,记忆速度也变快。体育教师可以从学生的这个初步有意识认知的角度出发,根据班级学生的兴趣爱好与英语水平,对体育课堂教学手段进行调整,引导学生在课堂上根据教师提出的问题与任务对体育知识进行学习,激发学生的自主学习积极性,调动学生的思维活力。除上文中提到的比较适合中年级学生的球类运用的双语教学,教师还可以引进各种不同的体育运动与运动用品的名称与其对应英文,并配合肢体动作,让学生在直观感受下接受抽象化知识的学习。

四、在高年级组开展体育双语教学

体育教师在高年级组开展体育双语教学时,要注意此时的小学生已经掌握一定的英语词汇量、具备一定的英语交流能力,已经可以接受抽象化教学,抽象记忆能力逐渐占领主导地位。抽象记忆就是通过一种语言符号的形式对体育与英文知识的思想、原理、规律、概念及运用方法的具体内容的记忆活动。学生在学校接受的大部分教学内容均是以抽象化的书本知识与间接知识为主,不是全部的知识学习行为都是通过直观感受与直接经验获取并理解的,更多的知识内容仅能够依靠教师与家长的语言表达与逻辑思维的引导作为学习与记忆的内容。因此,小学体育教师在课堂教学活动中可以以直观的事物为教学主体,逐渐融入一些抽象的教学手段。比如:教师在讲解篮球时,可以给小学生用双语描述一下姚明的外貌特征与体育成就,或者是讲解"姚明投篮方式"等,激发小学生的学习意识与榜样意识,调动学生的课堂学习积极性。

(一)开展快乐教学,激发学生的学习兴趣

体育课是培养小学生素质的重要课程,也是帮助小学生学习体育运动、形成体育精神、强健体魄的基础科目。小学体育教师在体育双语教学过程中,要重视小学生的主观学习感受,利用学生的学习兴趣,提高课堂教学效率,让小学生在双语课堂中不仅能够学习英语与体育方面的知识与技能,促进学生心理健康与身体健康成长,还能够让学生在体育课堂的教学活动中放松心情,缓解学习压力,体验运动快乐,从而逐渐形成良好的体育观念与情感价值观。小学体育教师在教学时要注意的是,体育双语教学的体育课教学,英语交流是促进师生互动、调动学生学习兴趣的语言工具与教学手段,教师要以体育教学内容为基础,以学生兴趣与身体健康为教学目标,在完成体育教学的基础上对学生进行体育英语的普及。只有这样,才能最大限度地促进小学体育教学模式的创新与发展,获得体育双语教学的成效。

(二)运用肢体语言教学,将体态与语言相结合

小学体育教学虽然引进了英语交流作为教学工具,但体育课本身具有一定的实践性与互动性,因此,体育教师在双语课堂教学的过程中要充分融入肢体动作与肢体语言,将肢体语言与交流语言相结合,促进学生对体育知识的理解与掌握。在前面提到教师运用肢体语言给学生提供直观感受,便于学生学习体育动作与相关知识,其实这种教学方式无论在小学哪个阶段

均十分适用,小学生本身就好动,让学生一边听教师的英文指令,一边观察教师的肢体动作并进行模仿,能够有效提高课堂教学效率,提高小学生的理解能力。

综上所述,小学体育双语教学不仅是小学体育教师对课堂体育教学的创新,更是时代发展给小学体育教师带来的机遇与挑战。因此,小学体育教师要不断学习新的教学理念,结合实际体育教学经验,以小学生对体育课的基本学习需求与学生的心理年龄特点为出发点,制订具有针对性的小学体育教学计划,让学生在体育教学中充分锻炼身体,增长知识,帮助学生树立正确的情感价值观与学习观念,逐渐培养学生的体育兴趣,为小学生的身心健康成长提供和谐、轻松、自由的学习环境。

第五节　体育教学与地理教学的协同

在新一轮课改影响下,中小学学校教育越来越倡导跨学科教学,注重多元知识的有效融通与融合,希望为学生打造全新的学习活动体验空间。本节则主要以小学学校体育教学为背景,着重探讨小学学校体育课程资源与自然地理资源内容的相互连接,分别给出了多种不同的体育—地理跨学科协同教法,希望开发以小学生为主,充分利用体育及地理理论、实践资源的教学理念与教学方案,彻底颠覆传统小学体育教学实施方式,也提高小学体育学科教育的自然、人文内涵。

传统的小学体育教学循规蹈矩,注重对学生体育技能与身体素质的培养,在物质教育方面下足功夫。这种教法虽然没有错误,但客观讲它在某种程度上浪费了大量的物质资源,更未能从精神层面上影响小学生,未能让小学体育教学得以升华。在新课改背景下,小学体育希望寻求突破,在跨学科教学层面上多下功夫,尝试与像地理、语文、数学这样看似毫不相干的学科联动起来,同时拓展体育学科的物质教育与精神教育空间,丰富教法,让小学体育教学变得非同寻常。

苏州市吴江区盛泽实验小学按照新课改精神要求,近年来以《义务教育体育与健康课程标准(2011年版)》为依据,主动结合《江苏省学生体质健康促进条例》《江苏省学生体质健康促进行动规划》等文件规定与要求,在充分调研、分析与总结的基础上,提出全新的体育教学课程方案,力求做到体育与健康课程与其他课程的跨学科共教目标,全面体现新体育教育学科价值,努力提升江苏省内各所小学学生的体育素养与精神素养,提升体育教育整体品质。

在盛泽实验小学看来,传统体育课程过分注重物质教育培养,在培养学生身心健康方面并不全面,存在疏漏。为了有效优化素质教育途径,突出当前体育学科教学的开放性与实效性,就必须思考跨学科、多知识内容融合发展路径,将体育与健康知识、其他学科技能联系起来,不断拓宽学生的见识,让他们在相对新奇的、快乐的氛围中学习体育,并能够在生活中将所掌握的体育知识学以致用。

以小学地理学科与体育学科二者为例,教师要在尊重客观实际的基础上充分发挥教学主观能动性,积极思考如何利用苏州市区内地域辽阔、丰富的地理地域资源,并巧妙结合这些地理资源合理展开教学设计,在自然地理资源基础的支持下开展丰富的体育教学活动,增强学生体质,实现天人合一的高水平体育教学过程。目前苏州市吴江区盛泽实验小学就在创新尝试这一做法,他们希望实现小学体育与地理学科教学的综合化协同优化,充分开发具有丰富的自然地理资源与知识内容的体育教学活动模式,在增强学生

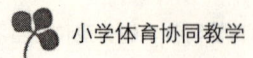

体质的同时也有效提升他们的心智水平,缓解由体育场地设施不足所导致的传统体育教学问题,循序渐进地实现跨学科体育教育目标,满足新课改的发展要求。

一、学校体育与地理学科教学协同的操作思路

苏州市内地理资源丰富,所以盛泽实验小学也希望充分利用地理学科内外部资源实现跨学科协同,以下主要介绍盛泽实验小学的学校体育与地理学科教学协同操作思路。

(一)划分地理资源内容,安排体育教学学科

如上所述,盛泽实验小学希望合理利用市区内已有的自然地理资源,首先将资源划分为土地资源、水资源和生物资源,其中土地资源包括周边乡村资源。学校会组织学生展开诸如春游、秋游等活动,其中还结合了多项体育教学活动内容,例如长跑、攀岩、登山、户外游戏运动、放风筝等。该校每年都会组织举办一次户外扎营活动,为期两周,其中就包括了长跑、登山、放风筝等户外体育运动。充分利用城市郊区周边的丰富地形地理资源,体现该校体育与地理学科教学的有效协同性。而水资源则包括了河流、湖泊,学校每年春季与夏季都会组织学生参与开放水域游泳活动、漂流扎筏活动、水上安全运动、龙舟竞渡等。当然,为了确保学生水上体育运动安全,该校也开展了水上救生与安全自救活动,希望有效提高学生的自我保护的安全意识。生物资源主要有麦地、稻田和森林,而该校对应匹配的教学内容则包括了定向越野、穿越森林、树木攀爬甚至是为期数日的野外生存训练。积极拓展和利用自然地理资源是为了在主观上弥补盛泽实验小学内部在体育软硬件资源方面的不足,即通过跨学科的联合协同为学生同时提供物质资源基础与精神资源基础,结合不同的自然地理资源特征安排不同的体育教学活动内容。例如:教师指导学生利用自然地理地形展开跑跳综合练习,深度发展学

生的弹跳与速度等身体素质,让学生能够在大自然中自由活动,同时体验兴奋、紧张、欢快的运动乐趣。而盛泽实验小学每年所举办的风筝节则利用当地春季多风天气带领学生在平坦广阔的河滩上放风筝,一方面教会学生如何放风筝,另一方面也培养学生的集体协作精神,要求他们组队共同制作风筝、放风筝、参加各种比赛以争取获得荣誉。在每年风筝节上,盛泽实验小学都会与参与活动的其他小学进行风筝比赛,通过比赛培养学生的竞争意识与拼搏精神,有效激发学生对于体育学习的热情。

(二)积极严密组织教学过程,体现跨学科教学科学性

盛泽实验小学体育协同地理跨学科课程的核心主旨就是优化教学方案,严密组织教学过程,体现跨学科教学科学性。教师在教学过程中要充分考虑影响体育与地理学科协同的诸多客观因素,例如合理分析体育教学活动所面临的季节、时间、天气、温度等,同时要考虑某些突发意外等因素,综合考量并对跨学科内容进行修改调整,为学生在课前就选择最好的体育教学活动地形、设计最好的体育教学路线、预设时间并做到安全妥善处理某些可能存在风险的活动环节。必要时还要实施安全预案演习,确保体育地理学科教学的协同最优化。

二、学校体育与地理学科教学协同的案例简析

为了体现教学案例形式设计多样性与内容丰富性,盛泽实验小学在学校体育与地理学科教学协同方面因地制宜地设计了多种教学案例,以下简单列举两例。

(一)河滩放风筝体育教学活动

盛泽实验小学的生生园放风筝体育教学活动目的在于培养学生良好的集体协作精神与动手操作能力。

其教学活动中主要为学生合理分组(每组4人),每一组选出1人轮流参

与放风筝比赛,在规定时间内比一比谁的风筝飞得最高,最后综合评比选出优胜小组,并奖励他们学会收、放风筝。

在整个教学过程中,教师选择在松软的河滩上展开放风筝体育教学活动,首先做到了自然环境适宜放风筝运动,其次做到了对小学生的安全保护。而教师也会指导学生买风筝材料、制作风筝,全面深入培养他们的动手动脑操作能力,并在教学活动中巡回检查指导,确保教学的高质量。

(二)跳台阶体育教学活动

盛泽实验小学体育教师利用人造山丘地形和操场看台等作为台阶,带领学生共同参与体验跳台阶体育活动,充分利用自然地形训练学生的跑跳能力,发展他们的弹跳及速度能力。

在教学过程中,教师会将学生平均分为两组,其中一组在山丘位置做热身放松活动,另外一组排成纵队依次开始跳台阶,两组轮换,共20级台阶,每人跳完3组后休息放松。

该教学活动就充分利用了地理地形锻炼学生的运动速度与弹跳能力,让学生在跳台阶过程中充分体验到运动的紧张、兴奋与欢乐,逐渐融入运动过程中。

小学学校体育与地理学科的跨学科协同方式很多,这就要求教师在平常的教学和生活中善于观察、积极思考,结合体育常识与自然地理环境进行深入挖掘,从多种形式、多个方面凸显协同教学有效性,同时提升学生的体育素养与对地理环境的适应能力。

第六节　体育协同在武术教学中的效应

学校体育在促进学生核心素养全面提升，全面推进以人为本的素质教育中发挥着重要的作用。武术作为中华民族优秀民族传统体育项目，在增进学生健康、传承民族文化、弘扬民族精神、增强民族凝聚力等方面发挥了其他学科以及其他体育项目无可替代的特殊作用。因此，分析武术在学校体育教育体系中与其他子项目的协同关系，全面发挥体育的协同效应，对有效提高学校体育在素质教育中的整体效能有着重要的意义。

一、协同效应的内涵

协同学认为，协同效应是指在复杂大系统内，各子系统的协同行为产生出超越各要素自身的单独作用，从而形成整个系统的统一作用和联合作用。这一原理指出，系统的有序性是由诸要素的协同作用形成的，协同作用是任何复杂系统本身所固有的自组织能力，是形成系统有序结构的内部作用力。"协同导致有序"是这一基本原理的高度概括。

武术是体育教育体系中的一个子系统，有着成熟的理论、完备的技术体系，以及独特的教学方法。武术作为学校体育的一种运动项目，与田径、球类、体操等学校体育运动项目在教育理念、价值功能、教学方法上是相互交融、相互作用的。这充分体现了武术与其他运动项目之间存在着紧密的协同关系。而武术通过与其他子运动项目的相互作用可以有效促进体育教育系统有序状态的形成，从而提升体育教育的整体效能。

二、武术在体育教育理念上的协同

《义务教育体育与健康课程标准(2011年版)》明确体育课程理念是坚持"健康第一"的指导思想;促进学生健康成长;激发运动兴趣,培养学生终身体育的意识;以学生发展为中心,重视学生的主体地位;关注个体差异与不同要求;确保每一个学生受益。从马克思主义关于人的发展视角,可以将新课标的体育课程理念概括为"以人为本,健康第一"。

健康是人类永恒的追求。将"健康第一"作为学校体育的指导思想,突显了促进学生身心健康发展在学校体育教育中的重要性。健康不仅指身体没有疾病,还包括心理健康和社会适应良好。因此,在学校体育的教育教学中,要坚持身体、心理与社会适应"三位一体"的健康观,通过以增强学生体质增进健康为主要目标的体育运动来落实身—心—社会适应"三位一体"的健康观。学校武术是学校体育的重要组成部分,其练习形式多样、内容丰富多彩,和田径、球类、体操等运动项目共同是学校体育实现"健康第一"教育理念的重要途径。武术练习中,通过内在神情的贯注和呼吸的配合以及人体各个器官的积极参与,能够加强人体肌肉力量,提高肌肉、韧带的伸展性,加大关节运动幅度,有效地发展柔韧性,对人体的反应速度、力量、灵巧、耐力以及神经系统功能的改善都有良好的促进作用。长期练习,能够增强人体的免疫力,对治疗多种慢性疾病和调节人体内环境平衡具有良好作用。

众所周知,田径、球类、体操等运动项目主要通过刻苦训练、顽强拼搏,以及竞赛的"规则意识"等方面来全面培养学生健康心理和增强学生社会适应能力。同样,武术以其独特的"师徒传承"文化和"打练结合"的教学模式,在培养学生健康心理和增强学生社会适应能力方面也具有显著作用。基于社会学的视角,武术教与学的过程同时也是师生之间、生生之间相互交往、彼此交流的"社交"过程,是一个培养社会适应能力的"模拟过程"。首先,武术练习能够有效培养学生的竞争意识,培养其自强不息、奋勇拼搏的精神。在武术练习中,由于武术动作具有强烈的"技击性",身体素质的训练着重强调"打练结合",因此在实战或模拟实战中,可以较大限度地激发学生顽强拼搏、奋勇争先的高昂斗志和强烈的竞争意识。其次,武术还可以培养学生团结协作的精神,如套路练习时技术动作的互相纠正、散打打靶训练中的互相"喂靶"等。武术的学习离不开一定的规范和要求,尤其是武德和武术比赛规则的约束。学生在参加武术比赛时,可以最直接最深刻地体会到什么是应该做的,什么是不应该做的,渗透式地培养学生的"社会规范意识",从而增强学生的社会适应能力,促进学生的社会化发展。

三、武术在体育价值功能上的协同

"学校体育具有多种功能,但育人乃是学校体育教育的本质功能,具体体现在育体与育心两方面。育体与育心结合,育心寓育体之中,全面育人是学校体育育人的特点与方式。"

在学校体育实践中,体育价值功能的实现主要是从"身体健康""心理健康""社会适应"三大方面来体现的。而在学校教育的环境中,武术独特的教化功能主要可以通过以下几个方面得到体现:

首先,学校体育首要目标是增强学生体质、增进学生健康,使学生具有健康的体魄。武术以其完备的技术体系、独特的训练方法、显著的健身效果,对实现学校体育"健康第一"的教育思想,具有不可替代的特殊作用。比如,长拳的"十二型",其动作就包含着屈伸、回环、平衡、跳跃、翻腾、跌扑等,通过练习可以全面提高学生的身体素质和内脏器官的生理功能,促进学生身心全面健康发展。其次,注重武术礼仪文化教育,培养学生尊师重道、谦虚礼让、宽厚待人的优良品德。武术礼仪,内容丰富,意义深远。最常见的武术礼仪有"抱拳礼""抱刀礼""持剑礼""递枪礼"等,动作不一,内涵各异。

因此,在学校武术教学过程中,要严格遵循武术"以礼始、以礼终"的身体规训,使学生在武术礼仪文化的影响下"德艺双修",逐渐提高自身的人文素养与人格修养。通过不畏困难刻苦练习,锻造学生坚忍不拔的意志品质,提高社会适应能力。"要学武、不怕苦,要练功、莫放松""冬练三九,夏练三伏"……可见,要学好武术非得下苦功夫不可。尽管学校武术的教学内容难度相对较低,然而学生们要掌握好武术的技术技能并非易事,需要克服种种困难勤学苦练,这种克服困难战胜自我的过程也是磨炼学生坚强意志品质、健全学生人格、提高学生抗挫折能力的过程。

四、武术在体育教学方法上的协同

在学校体育教育教学实践中,为了实现体育教学目标,完成体育教学任务,提高体育教学质量,体育教师必须研究各种体育教学方法,开展有效教学。目前,按照教学信息传递的方式,体育教学方法主要分为5类:一是以语言传递信息为主的方法,包括讲解法、问答法、讨论法;二是以直接感知为主的方法,包括示范法、演示法、保护与帮助法;三是以身体练习为主的方法,包括分解练习法、完整练习法、循环练习法;四是以比赛活动为主的方法,包括游戏法、比赛法、情景法;五是以探究性活动为主的方法,包括发现法、问题探究法、小群体学习法。

武术是"以中华文化为理论基础,以具有技击内涵的动作为基本内容,以套路、格斗、功法为主要表现形式的民族体育"。从技术层面上看,不论是武术套路,还是武术格斗技术的传授都属于技能类教学内容。因此,学校武术教学内容的技能类属性决定了武术教学方法的直观性和多样化。在武术套路教学时,讲解法与示范法是武术教学中最常用的教学方法。武术的动作技术相对田径和球类而言较为复杂,不仅要求技术动作准确规范,还要求精神意识与动作协调配合,即武术历来强调"内三合"与"外三合"。为了在有限的时间内达到较理想的教学效果,除在课堂上做到"精讲多练"外,教师还要身体力行,一堂课特别是新授课时,一个武术动作要反复示范好几遍,讲解好几次,有时候学生练习多少遍,教师就领做示范多少遍。

武术教学内容丰富,难度不一,在学校武术教学过程中,可根据武术教学内容的难易程度和教学目标合理地选择恰当的教学方法。如在讲授新内容之前,如果教学内容为结构简单、难度不大的武术动作,可以采用完整示范法,将武术技术动作完整地演示一遍,有利于学生建立完整的动作表象。如果是教授较为复杂的武术技术动作或为了提高学生的动作质量,则可采用分解教学法进行教学。当然,在实际武术教学过程中,常常将完整教学法和分解教学法有机地结合起来,以保证武术技术动作结构的完整性。此外,在武术中有大量的技击格斗动作,根据"打练结合"的教学模式,体育教师在教学过程中不仅可以使用讲解与示范教学法、完整与分解教学法、预防与纠正错误动作教学法,还可以采取武术实战或模拟实战的形式,采用比赛法、小群体学习法等,从而激发学生的学习兴趣、突出学生的主体地位。

学校是武术传播的主阵地,学校武术教育决定了武术发展的未来。作为中华民族优秀传统文化的武术,应不断改革创新,以崭新的姿态、完善的体系、深刻的内涵成为小学体育教育体系的重要组成部分,承担起"强身健体、传承文化、立德树人"的伟大教育使命,切实提升学生的核心素养。

第四章

体育协同教学的校本研究

第一节　一课三磨，实现教师间的协同

以"体育课堂"为纽带整合学校体育教师资源，组成体育专业教师团队，集中围绕某个教学内容进行多次轮番的研磨，实现教师之间对同一教学内容的不同解读、设计以及实践重构。教师形成目标统一，但路径多样化、方法个性化的校本专业教研方式，实现体育教师之间的相互协同发展，促进青年教师的成长、中年教师的升华。

百年大计教育为本，教育大计教师为本。课堂中教师起着主导作用，教师是课堂的引路人，路引得是否正确关系着学生的人生道路是否曲折。但是一根筷子容易断，一把筷子断不了，在如今抱团发展的前提下，一个教师是走得快，但是走不远；而一群教师虽然走得慢，但是可以走得更远。一节课，一个教师的智慧如星星之火，但是一群教师的智慧则是满天繁星。我们体育引入协同教学，而教师之间的相互协同则能更好地为课堂服务，为学生服务，也为各位教师服务。其中一课三磨就是一个很好的教师之间协同教学例子。

体育课一课三磨，我们学校体育组为集体，通过同一教学内容连续上三遍，每遍都有不同和进步，发挥体育教师群策群力的作用，最后解决问题。我们实践中有三个环节：团队组成、内容选择、磨课经过。这三个环节都涉及体育教师之间的相互协同。

一般大学科的一课三磨都是选择十名左右的教师组成，由于我们是技能学科，全校体育教师一共才十来个，所以我们就把整个体育组一起组织起

来，在这个团体里面成员分工明确。一般教研组长主持策划磨课活动，推荐主持和上课人员，有了教研组长的带动和分工安排，会激发青年教师上课的积极性和创造性。

一般磨课教师选择2人左右，他们是磨课的主人，从开始的选择教学内容、阐述教学理念、活动设计到课堂教学方案的重构改进等，都以他们为主。磨课教师首要对课题做独立研究，基于自己能力和理解，设计教学环节，提出自己的困惑和重难点。在实践阶段选取不同班级进行三次课堂实践教学，丰富课堂现场教学经验，从而提升教学能力。

其他教师为辅助者，帮助策划和提出疑问。这些一般为教学经验丰富的老教师，他们在磨课前的一些设计和建议可以帮助青年教师抓住课的重点，在课后的一些质疑和提问环节，则能帮助磨课教师拓展思路，针对问题及时改进。比如：你的教学方法适合你的孩子吗？你的过渡是否比较牵强？你的游戏环节设计有无脱离主教材？诸如此类问题可以帮助青年教师更加深入地了解课堂，了解学生，有助于青年教师形成良好的反思习惯。这些新老教师之间的帮助、质疑、改进就是体育教师的相互协同教学。

聘请专家，可以邀请周边学校的学科带头人或者教研员参与评课，作为路径引领，为课中出现的问题寻找专业支持。专家的介入可以提高磨课的专业水平，在整个团队束手无策的时候，专家给的建议总会让我们觉得"柳暗花明又一村"。专家大部分也出身于体育教育，他们也是体育教师的一部分，所以也可以看作是体育教师之间的协同指导教学。

选择课题，不单单是单一的"一节课"，我们要跳出固有思维，拓宽渠道，着眼于整个教学能力的磨炼。单单围绕一节课进行打磨，是可以提高课的质量，但仅仅是这一节课，仅仅是教师在课堂上的表现，这样是不够的。我们要围绕课的"前"和"后"进行连续性的研磨，其中包含课前设计、教材解读、活动设计、强度控制、密度把握、课后反思评价与重构等，这样一系列的活动才能真正称之为课题选择。最后我们还要围绕课进行课题和论文的研究与撰写，把实践与理论结合，形成有效的课堂教学成果进行推广。这也是各校体育教师的相互协同。

那么，教师要选择什么样的课进行研磨呢？笔者觉得应是一些棘手的课，对一些平日里大部分教师都不敢上、学生也很难学的课进行攻关，如此才能探讨出教师如何教、学生如何学的策略和方法。我们的体育教学中，往往很多教师都会回避器械类教学内容，一是由于课堂安全因素，二是因为教师本身技能所限。以"单杠悬垂摆动"为例，很多体育教师看到这个教学内容就束手无策，学生看了也不敢学，这时候就需要体育教师进行解读研磨。还有一些"有代表性"的教学内容，比如"小篮球"单元，这类教学内容有一定的规律可循，我们可以选择其中一个教学内容进行样本研磨，从而找寻其中的规律，实现举一反三。这些经验有助于其他教师的学习和借鉴，从而实现学校体育教师共同学习、协同发展。

一磨：解读教材、群策群力、协助合作实现内容到方法的转化。

针对体育学科而言，练习是掌握知识、学会技能的基础。体育教参上面，呈现的是一个个比较笼统的单元计划、课时计划和教学内容、建议，而具体通过什么教学方法让学生突破难点、突出重点，通过身体练习达到掌握技能的目的，是需要我们专业体育教师的解读才能完成的。所以我们在一磨中需要了解以下内容：

学情分析。学生学习体育技能不是从零开始，而是在已有的技能经验上进一步习得高级技能，所以准确判断学生的学情至关重要。教师需要通过教材的引导，课堂上的观察，从儿童视角出发，关注他们的体育技能水平，并准确描述和判断，知道所教班级学生的基本学情，从而更好地选取教学内容的深度和合适的教学方法。此时需要体育组所有教师群策群力、各抒己见，发挥协同讨论的功能。

预设结果。课堂教学后,学生的体育知识和技能可能达到一个新的高度,体能的超量恢复,这也是最终的一个教学目标。结果的设定就需要我们目标定位清晰,教学方法运用得当。这个更加需要体育教师团队的细心评估和科学预设。

重难点把握。在学习中学生可能遇到困难,由于某个技能的某个环节掌握不当,从而影响到这个技能最后的定型。这些就需要教师突出重点和突破难点,采用什么方法,采用几种方法,因人而异,这是一堂课的教学关键点所在。学生掌握了某项运动技能能在同伴面前展示,课后乐于通过体育锻炼巩固技能,提高身体素质,养成终身锻炼的习惯,这才是体育教学的意义。

二磨:精心设计、科学预设、艺术协助实现方法到活动的转化。

如何从纸上谈兵转换到课堂活动中来,这是大家公认的难题,因为教师面对的是几十个生命,生命的魅力就在于不确定性,他们灵活多变、丰富多彩,这也是我们一课三磨的精华所在。那么我们二磨中要做到以下几点:

变"要我学"到"我要学"。兴趣是最好的老师,体育相比其他学科的优势在于它可玩性比较高,游戏比较多,如此更能调动学生的积极性,从而让学生产生浓厚的兴趣,自己想玩想学。我们教师不能从"教"出发,逼着学生学习,而是要从学生的"学"出发,找到学生想学什么东西,通过什么方法更加喜欢学,学习活动如何丰富、完整、有趣,学会了之后怎么让他们展示出来。这些方法环节需要整个团队给出建议和方法,乐于奉献的老教师,刻苦勤奋的青年教师,大家只有协同合作,我们体育教师团队才能抱团取暖,走得更远。

组块教学。常规课堂我们习惯一环扣一环,环环相扣,但是一直如此会造成学生学习思维的单一,从而会产生厌倦思想,不利于创造能力的培养。体育技能学习可以从各个方面切入,比如增加练习密度,除了单一的集体跑步、集体做操之外还可以从游戏切入,"保护与破坏"就是一个很好的例子。把学生分成两大组,一组保护一组破坏,虽然大家都在奔跑,但是学生的情绪完全不一样,这样的体验更加丰富和深刻,而且有多方面的功效。因此,我们可以将活动方式围绕核心技能统筹整合,实现教学方式组块化。

登山教学理念。我们在设计环节中要考虑到,各个组块间避免在同一水平线上,而是要类似登山理论,通过一步步的练习能在某个点看到不一样的风景,最后成功登顶,一览众山小。每节课需要安排二到三个阶梯活动板块,并且铺设学习台阶,每个台阶就是每次局部动作的练习,当把各个局部动作练习熟练之后串联起来,那就是山顶。

三磨:真知灼见、实战验证、统筹协助实现活动到素养的转化。

实践才能出真理,那么课堂就是教师的主阵地,课前设计的好与坏一上课堂便见分晓。而其中的"三课"——观课、议课、重构课则是更进一步体现出教师的统筹协助。

观课。观课一般有两种方式,其一是团队教师直接参与现场的课堂观察,其二是利用录像机拍摄课堂实况,课后统一观摩。但是不管哪种方法,我们观课中一定要注意以下两点:一是学生的参与度。观察学生在课堂中的情绪变化,从练习投入、师生互动、课堂气氛来判断学生对于课堂的参与程度和情感深度。二是学生技能体能的提高幅度。观察学生相比课前技能的掌握程度是否得到提高,持续练习的时间是否有所增加,也可通过测量课堂练习密度和个体身体指标等,从数据来分析。这里就需要听课教师的协助,记录整个课堂或者个体数据,课后统一整理计算,也是体育教师协同教学所在。

议课。议课其实是上课者根据这堂课开设的情况,谈谈自己这次上课的设计思路、流程和体验,最重要的是课中遇到的实际问题。主持人和主持团队其余教师结合课堂观察统计分析,和开课教师进行深入会谈,寻找问题所在以及改进方法。深入"盲区"对开课教师在教学中忽略的问题借助照片、影像或者回忆等方式，并且剖析，最后形成共识。抓住细节，以小见大，从细节入手提出一些小问题的多种可能性和方案，寻找最适合教师本身的教学方式，循序渐进地提高教师课堂自信程度并逐渐形成自己的教学风格。这里就需要团队进行点评，提出宝贵意见，是教师协同教学的典型方法。

重构课。上课教师经过以上观课、议课两个过程，重新评估自己的教学设计和课堂活动的有效性，重新审视课堂环节的部分节点，重新调整具有自身特点的教学手段，重新考虑课堂上资源的随机生成。两者前后对比，能让教师专业上取得长足的进步，增加教师研究的自觉性，增加团队合作的协助感，让体育协同教学朝着更远的地方发展。

体育"一课三磨"是实现体育教师相互协同工作的一种重要方式，它悄悄地改善了体育教师的日常教学，成就了教师教学的自信和尊严。它犹如一条纽带，将教师、课堂、教学整合起来协同推进，产生出教育的智慧；它借鉴教师的集体研究、汇聚教师的教育智慧、树立课堂共同体，实现了共同发展共同进步。协助只是方式，成才才是最后意义和价值所在。什么样的学校出什么样的教师，的确，以"一课三磨"为例实现体育教师的协同发展，这样的一种气氛已经浸染在我们整个体育组中，并且成为一种常态，这种常态可以改变一个团队乃至一所学校。协同教学，让盛泽实验小学教育集团在发生改变。

第二节 体育协同教学课题研究设计与论证报告

一、课题的核心概念及其界定

（一）关于"协同教学"

所谓协同教学(teamteaching)，就是两个或两个以上的教师共同对同一学生群体的教学负责。它的教学模式不单一，有典型模式、支持模式、平行模式、嘉宾模式，可以根据具体情景的需要加以调适。再从体育课程的内容看，体育教学中内容繁杂，同一教材虽然有水平、年段之分，但是在具体实施体育教学的时候还是分不清技术界限、年段界限、主次界限，体育教师缺乏鲜活的、适切的体育学科知识。体育组块协同教学就是基于新的体育课程标准的解读与把握，深入研究体育学科的核心技术——体育课程及教学内容序列，去破解体育教学"高耗低效"顽症。

（二）关于"组块教学"

"小学语文组块教学实验研究"是我校校长的江苏省名教师专项课题，通过五年的语文教学实践，形成了语文组块教学的思想，探索出了组块教学的方法与课堂教学模式，出版了专著《智慧教学——薛法根教学思想与经典课堂》。如何把组块教学的思想和方法拓展到其他学科教学中去，是我们下一步研究的重点。"组块教学"的核心理念就是我们的教学要实现"四个走向"：走向综合，走向生活，走向运用，走向智慧。

（三）我校作为江苏省小学生体质测试监测点校，在推动体育课堂改革和提高学生身体素质中担负重要的任务

基于此，体育课堂协同教学模式的实践研究是从多层次、多视角且有针对性地在体育课堂教学、阳光体育活动中对我省学生体质健康开展学术性研究工作，提出学生体质健康促进干预措施及途径。体育课堂协同教学正是为了探寻一条科学化的教学之路，是清晰的、简约的、可把握的，在教学实例中建构教学模式。

综上所述，"在组块教学理念下小学体育课堂协同教学模式的研究"就是从我校的实际出发，深入挖掘体育课堂教学实践经验，以组块教学为行动策略，以协同教学为模式开展我校体育学科的教学改革，是破解体育教学"高耗低效"顽症的必由之路，也是提升体育教师专业化程度的快速通道。

二、国内外同一研究领域现状与研究的价值

经查阅国外关于体育学科课堂协同教学模式的研究，在组块教学理念下小学体育课堂协同教学模式的研究这一研究领域，国外研究处于空白，而国内与本研究有关的研究在体育学科中未曾出现过。现提出的"在组块教学理念下小学体育课堂协同教学模式的研究"是将组块教学理论运用到体育学科上。新课程标准在强调了双基（基本知识，基本技能）的同时，又增加了新的双基（基本态度，基本方法），新课程标准重视"知识、能力、态度、方法"的整合，这四基是相互联系、相互促进的。由此，与新课程标准相适应的教学模式就需要不断地去构建并完善，构建将"传授知识""培养能力""提升人格"（即情感、态度、价值观）三者整合起来的教学模式，这是体育课堂协同教学模式的出发点，同时也和学生体质健康结合起来，为新一轮体育课程改革寻找新的研究目标及路径，结合体育教学特点开发一种教学新模式，从而培养一支高素质的体育教师队伍。

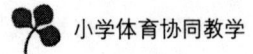

三、研究的目标、内容（或子课题设计）与重点

（一）研究目标

促成小学生体育课堂学习的充实与高效；构建小学体育课堂协同教学模式；形成小学体育课堂协同教学初步理论。

（二）研究内容

小学体育课堂协同教学的内涵、外延与价值研究；我校体育课堂教学现状的调查研究；小学体育课堂协同教学内容研制的研究；小学体育课堂协同教学结构的研究；小学体育课堂协同教学评价的研究；小学体育课堂协同教学促进教师教学风格形成的研究。

（三）研究重点

在组块教学理念下小学体育课堂协同教学模式的研究。

四、研究的思路、过程与方法

（一）研究思路

首先，本课题研究在省、市教科研部门的指导下成立课题研究组，规划课题研究方案，实施计划，具体落实课题研究，保证课题研究的顺利进行。成立专家指导委员会，负责对课题研究过程中有关问题进行理论与实践的论证与指导，以保证课题研究的科学性。

其次，组织全校教师学习组块教学理论、协同教学理论，更新教育观念，发挥学科带头人、骨干教师的优势，形成浓厚的研究氛围。

最后，将本课题研究作为省体质监测点校体育教学改革、促进学生高效掌握体育技能、快速提升身体素质的重要任务，将课题研究与学校体育建设有机地形成一个整体。

(二)研究过程

第一阶段:2013年3月—2013年8月,课题准备及申报阶段。

在总结以往成功经验的基础上,借鉴相似理论、图式理论等,将"组块"这一心理学中的概念赋予新的内涵,原创性地提出体育组块协同教学实验构想,完成课题的研究申报工作。

第二阶段:2013年9月—2015年9月,实施课堂教学研究阶段。

第一,教学内容的研制和教学策略的选择,提出了体育组块协同教学设计的理念,着力于以下四方面的研究:以学生兴趣为"内核"的内容板块;以体育核心技术为"内核"的内容板块;以学生体育技能为"内核"的内容板块;以学生心理健康为"内核"的内容板块。

第二,变革备课方式,摒弃线性的环节设计,采用板块式设计。深入研读教材文本,发现文本中适合学生需要的要素,重组并整合成相应的学习内容板块,每个板块集中一个核心目标,设计多项教学活动,提高教学目标的达成度,从而提高教学效益。板块式备课使教学目标、教学内容与实际开展的教学活动实现了统一。

第三,课例的分类研究,将一些典型课例进行归类研究,从中寻找相类似的教学内容结构和研制策略;对同一组块的典型课例按照年段进行纵向比较研究,从中发现年段之间在教学内容、教学目标上的差异,建立合理的内容序列。

第三阶段:2015年10月—2016年4月,组织结题阶段。

整理归纳,数据分析,发放并整理调查问卷,分析整理学生体质测试数据及反馈,逐步形成基于学生体质健康促进的体育组块协同教学核心的教学理论。

(三)研究方法

主导方法:行动研究法;辅导方法:文献法、自然实验法、调查法、经验总结法、数理统计法。

五、主要观点与可能的创新之处

(一)主要观点

教学实践成果:体育课堂协同教学模式改善了体育学科的教与学,学生的体质健康水平有较为显著的提高,学校的体育教学质量有明显的提高。

理论研究成果:课题研究报告,体育课堂协同教学经典课例,体育课堂协同教学研究系列论文。

教师发展成果:涌现出一批市级以上学科骨干教师,形成专业化的体育教师团队。

(二)创新之处

体育课堂协同教学模式可能会推动体育教学实践的变革。协同教学是常态化的教学样式,具有"便教利学""学以致用""用能有效"三个特点:教学内容日渐清晰、教学方法行之有效、教学过程轻松扎实。体育课堂协同教学模式从实践上实现了体育教学的三个根本性转变:从"教教材"到"教技术"、从"教技术"到"学技术"、从"学技术"到"用技术"。

六、预期研究成果

表 4-1 课题研究成果的相关信息

	成果名称	成果形式	完成时间
阶段成果 (限5项)	目前学校体育课堂教学模式的情况调查报告(前期调查)	调查报告	2013.3
	目前学校体育课堂教学模式的评价机制	文本	2013.8
	体育课堂协同教学模式的课堂教学设计	文本	2015.8
	各子课题结题报告	结题报告	2016.2
	体育课堂协同教学模式的课堂教学设计实施情况调查报告(结题报告、后期调查)	调查报告	2016.2
最终成果 (限3项)	体育课堂协同教学模式的课堂教学活动展示	现场展示	2016.4
	师生成果集	专集	2016.4
	在组块教学理念下小学体育课堂协同教学模式的研究	论文	2016.4

七、完成研究任务的可行性分析

(一) 加强组织领导

学校成立以苏州大学、扬州大学以及苏州市教科院部分专家领衔的核心课题组,紧密依托江苏省学生体质监测点学校,课题组成员拥有苏州市学科带头人2名,吴江市学科带头人1名,其余均为骨干教师,都曾承担吴江市级以上教科研学年课题的研究,有高质量的论文获奖和发表。因此,课题组的群体科研能力相对较强。

(二) 健全教科网络

建立课题申报、立项讨论等制度,完善教育科研的机制,为教师参与教育科研创造良好的环境。在课题实验的过程中课题组加强过程监控及流程管理,并实行课题负责人制度,使课题研究得以顺利进行。每学期将课题的实施情况向课题组教师汇报,人人申报一个子课题,每学期有实验计划、总结和专题汇报。

(三) 加强培训学习

课题组教师每月均保证一天时间进行课题研究理论和科研知识的学习,引导教师切实转变教育观念。要求教师在阅读的基础上消化,并做好必要的理论摘记工作,写好研究论文。采用请进来与走出去相结合的方法,聘请专家来校指导,努力提高教师们的科研水平。

(四) 保障经费投入

学校每年将拿出相应经费作为课题研究经费,改善教师的办公条件、学生的学习环境,以适应教育发展的新要求。

(五) 协作交流制度

在课题实施的过程中,要大力倡导协作的风气,做到信息共享、资源共享,形成科研合力,达到共同研究、共同探索、共同提高、共同发展的目的。

(六)条件保障制度

组织领导的保障。课题实验成立相应的课题组,课题实验工作要纳入学校的管理之中,尤其是教学管理和名师工程的管理,把课题实验工作作为科研兴校的主要载体。

第三节 体育课堂协同教学模式研究

"在组块教学理念下小学体育课堂协同教学模式的研究"是江苏省教育科学"十二五"规划重点自筹立项课题。该课题于2013年11月经江苏省教育科学规划领导小组办公室批准立项,12月举行开题论证会,2015年6月开展中期汇报活动。经过三年的研究,基本实现预期研究目标。

一、协同教学模式研究的背景及意义

2013年,我校语文"组块教学"样式研究在全国开始引领小学语文课堂教学改革,组块教学的"关联、发展智能"理念与体育课程中"突出体育运动项目的核心技术技能教学,注重培育学生的体育核心素养,促使形成体育学科的内、外部各种因素的综合效应,切实提高学生的体质健康水平、心理健康水平和社会适应能力"有着异曲同工的效果,适时提供了一条可以借鉴的实施路径。《义务教育体育与健康课程标准(2011年版)》全面实施后,有关体育教学模式的研究也正逐步成为体育教学理论的研究热点之一,并呈多样化趋势。鉴于我校的语文组块教学研究强大的理论支撑与研究实施氛围,基于组块教学"为发展智能而教"的多元智能核心理念,我们提出了"走向

综合,走向生活,走向运用,走向智慧"的体育课堂协同教学模式研究;以协同教学为教学方式,以体育课堂协同教学的内容、结构、评价为主要研究内容,将"传授学生知识""培养学生能力""提升学生人格"三者有机融合,深入研究体育课堂教学实践,开展我校体育学科的教学改革,从而更好地破解体育教学"高耗低效"的顽症,提高体育课堂教学效能。

(一)有益于学生综合能力提升,促进学生个体发展

在开展体育协同教学模式的实践探索中,我们十分关注学生个体融入共同体学习中的关系协同,采用了诸如"伙伴学习"的形式,让学生通过伙伴组建的形式相互探讨、各展所长,促进了学生伙伴间的沟通、交往,在共同体交互学习中,培养学生的领导力、组织力、协调力、合作力。同时,在伙伴间的交互活动中,学生的倾听能力和表达能力也得到发展。协同教学给学生提供了积极参与、平等参与的机会,促进了学生个体的主动发展。

(二)有益于实现学科教学内容组块,促进教学的有效性

体育协同教学的课程内容组块化,又称为课程内容的"项群化",即将具有某种共同体育技术技能为核心的学校体育教学内容,分成不同的"组块"或"项群"。比如:我们根据体操技能教学中的滚翻技术技能,将团身滚动、前滚翻、后滚翻、肩肘倒立等教学内容组成滚翻类教学版块;或根据单手投掷的技术技能,将沙包、垒球、实心球等教学内容组成投掷类教学版块等。体育教学内容的组块、项群化,有益于将项目的核心技术技能教学进行统整,促成学科教学的综合协同效应,促进体育课堂教学的有效性。

(三)有益于拔节教师专业生长点,促进专业发展

体育协同教学模式通过教师团队一课三磨的集体讨论,把教师从个体备课融入集体备课中,有效地发挥团队成员的集体智慧。在这过程中,教师个体从伙伴间的思考、讨论中再次完善、提高自己的教学设计能力,同时也提高了自己的体育教学能力,促进了自身的专业发展。

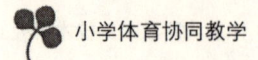

二、协同教学模式研究的目标与内容

(一)研究目标

协同论认为,整个系统内部的各要素之间尽管存在着各种差异,但各要素之间同时也存在着相互影响与合作的关系,在内外因素的作用下,系统内部的各种要素之间会发生协同效应,产生"1+1 > 2"的效果,并朝着有序的状态发展。传统的协同教学解释是:由两位或两位以上的教学人员,组成一个教学团队,发挥各人所长,共同合作指导两个或多个班级的学生。

我们通过对在组块教学理念下小学体育课堂协同教学模式的研究,发现协同教学不仅仅局限于两个或两个以上的教学人员协同,在系统里的教学目标与内容,学生的群体与个体,教学内容与环境等都可以协同。通过研究,我们初步建立了体育协同教学模式的理论框架,探索体育协同教学模式的实践策略,使我校体育教师基本掌握和运用体育协同教学模式进行体育课堂教学,从而进一步提高体育课堂教学质量,促进学生身心和谐健康的发展。

(二)研究内容

1. 小学体育课堂协同教学模式的基本内涵研究

在仔细研究当前各种主要体育教学模式的基础上,通过对体育课堂协同教学各要素的深入分析,研究认为:小学体育课堂协同教学模式是指以协同学理论为主要理论基础,将体育教学内容组块化,以"1+x"的教学模式传授和掌握体育核心技术技能,发展学生的体育核心素养,促使形成体育学科的内、外部各种因素的多方面综合协同效应,切实提高学生身心健康发展水平的一种教学方式。

2. 我校体育课堂教学现状的调查研究

采用文献资料法、问卷调查法和数理统计法,通过对我校体育教师运用体育教学模式的专业知识分析,体育教师合理运用体育教学模式的重要因素分析,以及体育教师运用体育教学模式的现状分析,研究认为:部分受访体育教师的体育教学模式相关知识较为缺乏;大部分受访体育教师能够正确认识选择体育教学模式的重要作用,但部分体育教师对教学内容与教学模式选择之间的关系,以及在体育教学过程中的重要作用认识不足,需进一步得到加强;当前体育教师运用体育教学模式的种类比较单一、传统,满意度不高。针对上述问题,我们提出了相应的应对策略。

3. 小学体育课堂协同教学模式的教学内容研究

体育协同教学模式的课堂教学内容设计是将具有某种共同体育技术技能为核心的学校体育教学内容,分成不同的"组块"或"项群",实现体育协同教学的课程内容组块化,又称为课程内容的"项群化"。我们在教学实践过程中根据"蹬撑、低头、团滚动身"的滚翻技术技能,将前滚翻、后滚翻、鱼跃前滚翻等教学内容组成滚翻类教学版块;或根据"蹬腿、转胯、快速出手"的技术技能,将推铅球、推实心球、掷垒球等教学内容组成投掷类教学版块等。这种将体育教学课程内容组块化的方式,能有效提高学生的学习效率,增强体育课堂教学的实效性。

4. 小学体育课堂协同教学模式的结构研究

小学体育课堂协同教学模式的主要结构特征表现在跨学科协同教学、学生学习共同体组建及与生活实践的融合等方面。在跨学科协同教学中,以运动技术技能教学为主,协同语文、地理、历史、品德、劳动等相关知识。如低年级的技术要领以语文儿歌形式表达,学生易记且易懂,中高年级的教学比赛融入品德教育,游戏教学中融入劳动教育等。课堂中学生学习共同体的组建,可以利用各种标记色快速随机组队,让学生个体在交换标记色过程中参与到不同的共同体中学习,多机会、多角度从他者身上发现自己的不足,也可多机会展示自己的特长。在课堂教学游戏与比赛和调换学习共同

体中,融入生活中的安全教育、人与人之间交往沟通的合作教育等。

5. 小学体育课堂协同教学模式的教学评价研究

小学体育课堂协同教学模式强调教学评价方式的多元化,即体育协同教学从"为什么评""谁来评""评什么""怎么评",也就是"体育教学评价的目的""体育教学评价的主体""体育教学评价的内容""体育教学评价的技术和手段"这四个方面,构建了较为多元化的体育教学评价体系,主要表现为"诊断性评价""形成性评价""终结性评价"这三种评价方式,以不同的标准、方式、内容对学生的体育学习进行全方位立体式评价,促进学生身心全面健康的发展。

6. 小学体育课堂协同教学模式促进教师教学风格形成的研究

体育课堂协同教学因其独特的教师组合模式、内容优化模式、教学协同模式、评价多元模式,对我校体育教师形成"简约、质朴"的教学风格产生了重要的影响。具体表现为:"三维一体"的体育教学目标清晰明了;突出"体育核心技术技能"的教学内容式简效宏;注重实效的体育教学方法简便易行;"三段论"式的体育教学结构简明缜密;"一物多用"的体育器材场地设计布置简洁高效;生动有趣的体育教学语言言简意赅;敦厚质朴的体育教学特质平淡深邃。

三、协同教学模式研究采用的方法

(一)文献资料法

通过搜索中国知网 CNKI——中国期刊全文数据库,维普中国科技期刊全文数据库,超星图书馆电子书,中国教育网,附带使用了谷歌、百度等搜索引擎查询与本研究相关的网络资源,并以"组块教学""体育教学""协同教学""体育教学模式"等为关键词搜索了大量相关的论文、研究报告和书籍等,为本研究提供了坚实的理论基础。

(二)实验法

在教学条件、师资力量、教学内容、学生体质等因素基本相同的情况下,选择四年级各一个班为实验班和对照班,分别运用体育协同教学模式和传统体育教学模式进行教学。经过1年的教学实验后,统一对实验班和对照班的学生进行国家体质测试,内容有:50米跑,1分钟仰卧起坐,1分钟跳绳,坐位体前屈。测得数据后利用SPSS13.0统计软件对实验前后实验班和对照班学生的身体素质进行分析,得出结论。

(三)问卷调查法

研究设计了《体育课堂教学满意度调查问卷(学生卷)》(见本章末附录一)、《当前小学体育课堂教学模式运用情况调查问卷(教师卷)》(见附录二)、《体育协同教学模式的教学设计实施情况调查问卷(教师卷)》(见附录三)、《专家调查问卷》(见附录四),咨询了10位体育学教授,经过数次修改完善后形成最终调查问卷。问卷经信度和效度检验符合社会学调查分析的基本要求。本研究问卷发放采用分层随机抽样方式,共发放问卷1040份,回收1040份,回收率100%,剔除无效问卷32份(剔除标准:主要题项不选或不答者),有效问卷1008份(教师、专家有效问卷40份,学生有效问卷968份),有效率96.9%。

(四)数理统计法

对实验班和对照班测试出来的各项指标数据,以及收集到的有效调查问卷进行分类整理,运用SPSS13.0统计软件对相关数据进行数理统计处理。

四、协同教学模式研究的成果分析

（一）小学体育课堂协同教学模式的理论基础分析

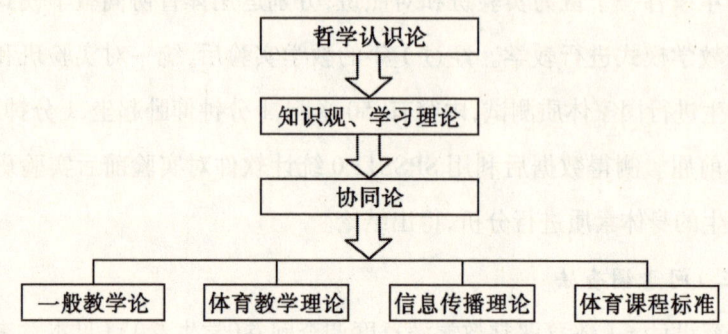

图 4-1　小学体育课堂协同教学模式的理论基础

由上图可知，哲学认识论是最顶层的理论，它对其他各种理论具有根本的指导意义。本研究以马克思主义的辩证唯物观为指导，在体育课堂教学实践中，将教师的主导作用与学生的主体地位有机地结合起来，处理好教与学、知识与方法、理论与实践、重点与全面的各种关系。学习理论是教学模式的核心理论，它与知识观有着密切的联系，有什么样的知识观就会产生什么样的学习观，而哲学认识论又对知识观具有决定作用。

协同论是小学体育课堂协同教学模式的主要理论基础。协同论认为，整个系统内部的各要素之间尽管存在着各种差异，但各要素之间同时也存在着相互影响与合作的关系，在内外因素的作用下，系统内部的各种要素之间会发生协同效应，产生"1+1＞2"的效果，并朝着有序的状态发展。因此，从协同论视角分析教学活动，设计教学方案，才能最大限度地保证教学模式的科学性和有效性。而一般教学论、体育教学理论、信息传播理论和体育课程标准等，则是相对微观的理论基础，这些理论贯穿于小学体育课堂教学模式的分析、设计和评价等各个阶段，是最能体现小学体育课堂教学模式特点的支撑理论。

(二)小学体育课堂协同教学模式的本质内涵分析

体育教学模式是连接体育教学理论与体育教学实践的纽带,是"体现某种教学思想的教学程序,它包括相对稳定的教学过程结构和相应的教学方法体系,主要体现在教学单元和教学课的设计和实施上"。而"体育协同教学模式是指以协同学理论为主要理论基础,将体育教学内容组块化,以'1+x'的教学模式传授和掌握体育核心技术技能,发展学生的体育核心素养,促使形成体育学科的内、外部各种因素的多方面综合协同效应,切实提高学生身心健康发展水平的一种教学方式"。

其中"1"代表体育课堂教学,"x"代表以"学生通过体育与健康课程学习所获得的体育知识、技能及体育态度、情感等,具体涵盖了体育三基、体育能力、终身体育思想及体育品质、体育精神等"为培养点的体育学科核心素养,进而促进"学生应具备的,能够适应终身发展和社会发展需要的必备品格和关键能力"的核心素养的充分发展。

(三)体育协同教学模式的结构特征分析

1. 体育教学基本要素诊断

诊断体育教学基本要素的起始状态,掌握各基本要素的现实情况,是成功运用体育协同教学模式的重要条件。体育教学基本要素诊断主要包括三大部分,即体育教学内容诊断、学生学情诊断、教师教学素养诊断,具体表现为对体育教学内容的种类、教学要求与进度、教学内容的重点与难点等,学生实际身心健康发展水平、认知特点、体育基础、兴趣爱好等,以及体育教师基本素养、理论知识结构、体育教学技能等因素的分析判断,为体育教学目标的顺利达成奠定重要基础。

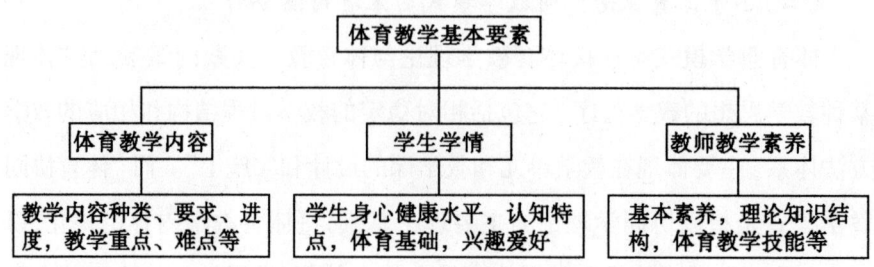

图 4-2　体育学基本构成要素

2. 体育协同教学团队组建

体育协同教学团队是决定协同教学能否成功实施的前提条件。在体育协同教学中,我们在体育学科教师教学团队组建的基础上,还应该主动建构跨学科的多学科教师教学研讨团队。如:在体育学科教学团队中,组建以学科带头人为引领的纵向教学团队,主要开展教学思想、教学方法等方面的研讨;组建以运动项目分类的横向教学团队,以具有项目专项特长教师为主开展运动项目技术技能的讲解分析,在教学内容的重点、难点上进行突破研讨;组建以跨学科协同的面上教学团队,以体育教师为主,融合体育学科与其他学科的知识交叉点,开展跨学科育人研讨。组建教学团队,要围绕体育教学的核心内容,其关键是强调体育教师之间、体育教师与其他学科教师之间的协同合作。

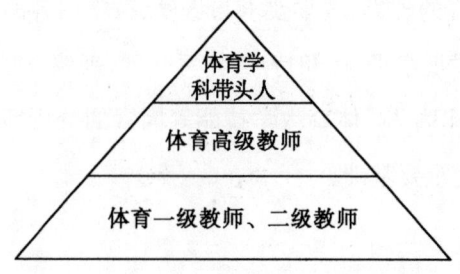

图 4-3　体育协同教学团队的"金字塔"结构

3. 体育协同教学过程设计

体育协同教学模式主要通过设计一套具体的操作程序来协同体育各教学要素,突出设计方案的可操作性和实效性。第一,教学目标设计,强调教学目标精确化。学生体育核心技术技能的掌握是实现教学目标精确化的关键。我们在进行侧向投垒球课程教学时,其课程目标的精确化就表现为学生基本掌握"蹬腿、转胯、快速出手"的核心技术技能,否则其他教学目标就不可能较好地实现。第二,教学内容设计,体现教学内容组块化。体育课程内容组块化,即按照某种体育核心技术技能,将教学内容分成不同的"组块",如我们根据"蹬撑、低头、团滚动身"的滚翻技术技能,将前滚翻、后滚翻、鱼跃前滚翻等教学内容组成滚翻类教学组块等。第三,教学策略设计,实现教学策略科学化。判断体育协同教学模式教学效能的根本因素是教学目标是否成功达成。因此,在教学策略设计环节,体育协同教学对课的类型、教学顺序、教学组织形式、教学环境等方面都进行了深入的分析和精心的设计。第四,教学评价设计,突出教学评价多元化。体育协同教学模式从"评价的目的""评价的主体""评价的内容""评价的技术和手段"四个方面,以不同的标准、方式、内容对学生的体育学习进行全方位立体式评价。

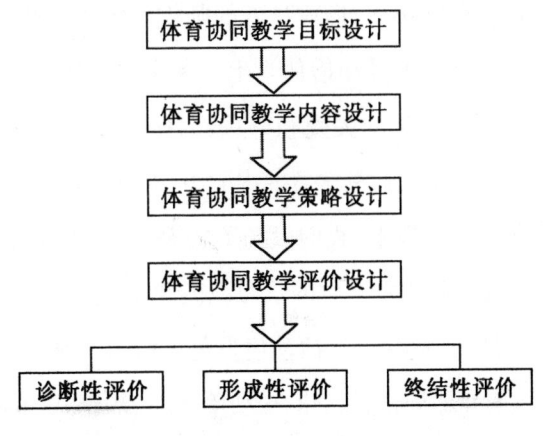

图 4-4 体育协同教学过程设计步骤

(四)小学体育课堂协同教学模式实施的协同策略分析

1. 突出学生的主体地位,充分发挥体育教师在课堂教学中的主导作用,强调人际关系的有效协同

  体育教师彼此间能否进行有效的协同合作是影响体育教学质量的重要因素。我们通过"一课三磨"教研活动,对一节课进行"一磨:自主设计,解读重构;二磨:团队研究,设计重构;三磨:团队研究,细节重构",有效地增强了我校教师团队的协同合作效能。以小学二年级的"前滚翻"第一课时为例,"一磨",需要体育协同教学团队共同研究"学情",确定教学目标,设计教学流程;"二磨",重点研究前滚翻的教学方法与手段问题,在为使学生达到"滚动圆滑"的技术要求时,我们采用了辅助与保护教学法,让学生由高到低翻越体操垫,并给予及时的保护;"三磨",侧重于课堂教学的调控与效果的研究,例如,当学生对前滚翻的技术要领认识不清时,教师如何帮助等,这些问题的解决,无不需要体育教师之间进行深入的探讨,实现团队成员的优势互补,充分发挥"1 + 1 > 2"的协同合作效能。

2. 民主教学,实现师生关系的协同

  体育教学应在充分发挥教师主导作用的同时强调学生主体地位的体现,实现师生关系的有效协同,形成良好的师生关系。为此,我们首先尊重学生的独立人格和个性,关爱和信任学生。尊重和信任是形成良好师生关系的基础,体育教师对学生的关爱和尊重、信任会形成一种强大的情感力量,这种情感会转化为学生勤奋学习的内驱力,有助于使学生取得更大的进步。其次,在体育课堂教学中,我们发扬了教学民主,协同各种有效的体育教学方法和手段,调动和激发学生的学习积极性和参与意识。同时,我们较好地运用了问题启发、情境启发、活动启发等方法启发学生积极思维,实现学生的深度学习,摒弃那种枯燥乏味、被动单一的"填鸭式"的教学方法。比如,在教授前滚翻的主动蹬腿动作时,我们就采用模仿"兔跳""蛙跳"的情

境启发教学方法进行体育教学,提高体育教学效率。

3.分组合作,实现学生关系的协同

学生关系是形成体育教学、和谐人际交往的重要组成部分,对体育教学目标的达成有着显著影响。因此,我们首先采取了恰当的合作学习形式,促进学生间的协同合作。比如在体育教学中,我们采用了"互补合作学习"的形式进行快速跑的教学,并提出了如何才能提高途中跑的速度等问题,让学生通过小组合作的形式,相互讨论、各展所长、优势互补,探索解决问题的办法。其次,我们妥善地处理好了优等生和后进生的协同关系。体育课堂教学由于常常需要学生间的对比示范,此时便会出现优等生扮演正确示范的角色,而后进生只能作为错误动作的反面教例,极大地伤害了他们的学习积极性和自尊心。因此,我们尊重学生的个体差异,协同好优等生和后进生的关系,积极开展学生间的协同互助活动,这既有利于加深学生间的友谊、增进班集体的团结,也有助于体育教学质量的提高。

4.在体育教学目标的引领下,实现体育课堂教学各要素间的多元辩证协同

精研教材,实现体育教学目标与教学内容的协同。体育教学目标是体育教学活动的"第一要素",是"体育课程的亚目标,它是体育教学中师生预期达到的教学结果和标准"。教学目标决定教学内容。我们在实施体育课堂教学时,切实根据体育教学目标来选择与设计体育教学内容。为此,我们一方面切实贯彻了体育教学大纲的要求,根据学生的身心发展规律,从体育教学目标、学生的知识水平、体能等实际出发,协同好体育教材中认知、技能以及情感领域方面的教学内容,开发学生智力、培养学生品德、提高学生的体育运动能力,使学生的个性在体育运动过程中得到极大的张扬;另一方面,我们对教材进行了深入研究,准确地把握了体育教材的教学重点和难点。为了突出教学重点,我们认真分析、吃透教材,厘清教材的内在逻辑联系。

为化解教学难点,我们认真仔细地"钻研"学生,准确地掌握"学情",从而实施了有效教学。

5. 精研学生,实现体育教学目标与学生的协同

学生是构成体育课堂教学系统的主要因素之一,是体育教学的主体对象,没有学生的积极主动参与,体育课堂教学的协同效应就不可能产生。比如,我们将一次体育课的技能目标设置为:巩固和提高学生的足球技术技能,增强学生的足球战术水平。我们事先对学生现有的足球技术技能、比赛规则、身体素质等情况进行了充分的研究,然后进行足球教学比赛,这样,学生在进行足球比赛时就不会"手忙脚乱",就不会导致出现一场"踢不起来的足球赛"。因此,我们认为只有从学生的实际出发,设计制定科学的体育教学目标,选择与运用各种有效的体育教学方法和手段,帮助学生又好又快地掌握体育运动技术技能,体现体育教学目标的要求。

6. 精研教法,实现体育教学目标与教学方法的协同

体育教学方法是实现体育教学目标、开展体育教学活动的重要途径和手段。在体育教学过程中,为了成功地实现体育教学目标,我们对体育教学方法进行了科学的选择,一方面适应了学生的身心发展水平和学习阶段特征。例如小群体教学法或合作教学法需要学生具有较强的独立学习能力,难以运用于小学低年级学生,而像游戏教学法、情境教学法等教学法通常比较适合。另一方面,我们坚持"一法为主,多法互补"的原则,根据不同的体育教学目标、教学内容以及学生的现有体育基础,使各种体育教学方法相互协同配合,发挥其整体功能。比如,体育教学目标是以传授体育知识技能为主的,则可运用掌握教学法、程序教学法;体育教学目标是以磨炼学生心理品质为主的,则可采用游戏教学法、比赛教学法、情景教学法;体育教学目标是以培养学生团结协作精神为主的,则可采用小群体教学法、运动教育教学法等。

7.强化体育教学与体育教学物质环境、心理环境,以及教学反馈的协同整合,确保体育教学目标的顺利达成

体育教学的物质环境是顺利开展体育教学的必备物质条件,直接影响到体育课堂教学质量,其主要有两个方面,一是开展体育教学的场所(如球馆、室外的足球场、篮球场、跑道等),二是体育活动的器材(如各种球、栏架、体操组合训练器、体操垫等)。在进行体育教学活动前,必须进行场地器械的安全检查,以避免可能发生的伤害事件。教学中,场地的划分设置,器械的摆放与管理要在教师的可视范围。必须注意的是,场地的设置与器械的选择要与学生的身心发展阶段相匹配,低年级的学生就不要安排成人化的场地与器械,要选择儿童化的活动器械,便于学生能"玩"得起来。场地与器械的儿童化,有利于激发低年级学生的运动热情,体验运动成功的愉悦。

体育的教学心理环境属于学校文化建设的范畴,主要表现在教学活动中师生、生生之间的人际关系、课堂教学的整体氛围以及学校本身的体育传统上,虽然不是显性的,但它是影响体育教学活动质量的重要内部因素。因此,我们在教学活动中,要始终保持高涨饱满的激情,结合学校教育教学活动,有目的地安排全校性的体育活动,比如体育节、年级比赛、班际友谊赛,积极去营造学校的体育氛围,有条件的可以申报各级体育传统项目学校,在全校浓厚的体育氛围里更容易产生和谐的体育课堂教学效应。

(五)小学体育课堂协同教学模式的实践效果分析

1.对当前体育教师运用教学模式情况分析

对苏州市受访体育教师的调查结果表明,很多体育教师对与体育教学模式有关的知识了解不足,对其意义内涵理解不深。例如,在"'体育教学模式'这一概念您了解吗?"这一问题中,选择"非常了解"的体育教师为6.7%,有16.7%的体育教师选择了"比较了解",另有50.0%和26.6%的教师选择了"一般"和"不了解"。当问及"选择适合的体育教学模式,能有效地提高

学生学习的主动性和积极性。您同意吗？"时，仅有20.0%的体育教师选择了"非常赞同"，有50.0%的体育教师选择了"比较赞同"，有10.0%的体育教师选择了"不赞同"，另有20.0%体育教师选择了"不清楚"。这都在一定程度上说明了部分受访体育教师的体育教学模式相关知识较为缺乏，这也必然对体育教师在体育教学实践过程中科学地运用各种体育教学模式来提高教学质量产生不利的影响。

表4-2 体育教师对体育教学模式相关知识的掌握程度统计表

了解程度	人数	百分比（%）	认同程度	人数	百分比（%）
非常了解	2	6.7%	非常赞同	6	20.0%
比较了解	5	16.7%	比较赞同	15	50.0%
一般	15	50.0%	不赞同	3	10.0%
不了解	7	26.6%	不清楚	6	20.0%

当问及"在体育课堂教学中运用的体育教学模式"时，有40.0%的体育教师选择了"运动技能传授模式"，有26.7%的体育教师选择了"身体素质发展模式"，有16.7%的体育教师选择了"情境教学模式"，有10.0%的体育教师选择了"快乐体育教学模式"，各自有3.3%的体育教师选择了"成功体育教学模式"和"小群体体育教学模式"，没有体育教师选择"选项教学模式""体验教学模式""发现式体育教学模式""领会式体育教学模式"，选择"运动技能传授模式"和"身体素质发展模式"的体育教师比例高达66.7%。这充分说明了大部分受访体育教师在体育教学过程中运用的是传统体育教学模式，没有紧跟体育教学模式的发展潮流，教学理论与实践的更新意识不够。在新一轮体育课程改革不断深入推进的新形势下，我们应牢固树立"活到老，学到老"的终生学习的观念，以及与时俱进的现代意识，紧跟教育教学理论的发展潮流，刻苦钻研，精益求精，善于运用各种有效的教学手段，不断提高体育教学质量。

表 4-3 体育教师运用体育教学模式情况统计表

教学模式	人数	百分比（%）	教学模式	人数	百分比（%）
运动技能传授模式	12	40.0%	成功体育教学模式	1	3.3%
身体素质发展模式	8	26.7%	体验教学模式	0	0
情境教学模式	5	16.7%	小群体体育教学模式	1	3.3%
选项教学模式	0	0	发现式体育教学模式	0	0
快乐体育教学模式	3	10.0%	领会式体育教学模式	0	0

2. 现阶段小学体育课堂教学的学生满意度分析

学生是体育课堂教学的主体对象，是决定体育教学目标能否实现的关键因素之一。学生对体育课堂教学的满意程度，就成为衡量体育教学有效性高低的重要指标。在调查中发现，有 34.7% 的学生对上体育课"非常喜欢"，有 29.9% 的学生对上体育课"比较喜欢"，有 28.4% 的学生选择了"一般"，选择"不喜欢"的学生占 7.0%。由表 4-4 可知，共有 64.6% 的学生喜欢上体育课，这显示了体育课得到了相当部分同学的认同，但值得引起重视的是，有 28.4% 学生选择了"一般"，这个比例是比较高的，甚至选择"不喜欢"的学生也占到了 7.0%，从另外一个角度看，对体育课不是太满意的比例为 35.4%。这充分证明了学生对现阶段体育课堂教学的满意度不是太理想，需要体育教师从多方面审视自己的体育课堂教学，及时发现问题之所在，增强体育教学的趣味性和有效性。

表 4-4 学生对体育课的喜欢程度统计表

喜欢程度	人数	百分比(%)
非常喜欢	336	34.7%
比较喜欢	289	29.9%
一般	275	28.4%
不喜欢	68	7.0%

3. 实施小学体育课堂协同教学模式的效果分析

兴趣是最好的老师。在体育教学中如果学生失去了对体育运动的兴趣、参与体育运动和学习的积极性,就不可能取得良好的教学效果。对体育具有浓厚兴趣的学生,参与体育运动和学习的积极性更强,遇到困难不轻易退缩,百折不挠、勇往直前的精神更加坚定,进步也更快。而兴趣淡薄的学生则恰恰相反。体育协同教学模式,就是优化体育教师教学团队,精心选择设计体育教学内容,采用各种有效的体育教学方法与手段,最大限度地激发和保护学生的学习动机和学习兴趣。在问及"运用体育协同教学模式进行教学过程中,你最满意的方面有哪些?"时,有 46.7% 的学生选择了"兴趣爱好的满足",这说明学生的体育运动和学习兴趣得到了保护,学生的学习热情有显著的提高,学习效果明显增强。

表 4-5　体育协同教学过程中学生最满意的方面统计表

选项	人数	百分比(%)
兴趣爱好的满足	452	46.7%
运动能力的提高	102	10.5%
身体素质的增强	115	11.9%
交流能力的提高	167	17.3%
同学关系的改善	132	13.6%

4.体育课堂协同教学模式对学生身体素质的影响分析

为了有效检测体育协同教学模式对学生身体素质等方面的影响情况,实验前,对实验班和对照班进行了各项身体素质前测,由表 4-6 可知,实验班和对照班学生的各项身体素质差异显著性不大,基本在同一发展水平上。

表 4-6　实验前两班学生身体素质平均值对照统计表

测试项目	实验班	对照班
1分钟仰卧起坐(个)	32	34
1分钟跳绳(个)	90	93
坐位体前屈(cm)	8.1	8.3
50 m 跑(秒)	9.77	9.65

表 4-7 实验后两班学生身体素质平均值对照统计表

测试项目	实验班	对照班
1分钟仰卧起坐（个）	43	37
1分钟跳绳（个）	109	96
坐位体前屈(cm)	10.1	8.0
50 m跑（秒）	8.57	9.35

通过对实验班和对照班进行为期一年的教学实验后，采用体育协同教学模式的实验班，和一年前相比各项身体素质均得到了显著的提高；而采用传统体育教学模式的对照班，和一年前相比除了坐位体前屈下降了0.3cm外，其余各项身体素质提高幅度较小；经过教学实验后，实验班比对照班学生的各项身体素质都有明显提高，显示出显著的差异性，这充分说明体育协同教学模式对提高学生的体质健康有良好的促进作用。

5.体育课堂协同教学模式对学生体育核心素养的影响分析

判断体育课堂协同教学模式对学生体育核心素养的影响，主要从学生的体育知识、体育技能、体育态度、体育精神等四大方面进行分析。在对"体育课堂协同教学模式是否有助于增加学生的体育知识"调查中发现，有29.6%的学生选择了"非常有"，有33.5%的学生选择了"比较有"，有27.7%的学生选择了"一般"，选择"没有"的学生占9.2%。由表4-8可知，共有63.1%的学生认为体育课堂协同教学模式有助于增加学生的体育知识。当问及"体育课堂协同教学模式是否有助于提高学生的体育技能"时发现，有36.6%的学生选择了"非常有"，有38.3%的学生选择了"比较有"，19.1%的学生选择了"一般"，选择"没有"的学生占6.0%。由表4-8可知，共有74.9%的学生认为体育课堂协同教学模式有助于提高学生的体育技能。通过对以上两组数据的分析可知，在体育教学中实施体育协同教学模式，在培养和发展学生的体育知识、体育技能等核心素养方面有着重要的促进作用，教学效果显著。

表 4-8　体育协同教学模式对学生的体育知识和体育技能影响情况统计表

认同程度(体育知识)	人数	百分比（%）	认同程度(体育技能)	人数	百分比（%）
非常有	287	29.6%	非常有	354	36.6%
比较有	324	33.5%	比较有	371	38.3%
一般	268	27.7%	一般	185	19.1%
没有	89	9.2%	没有	58	6.0%

体育态度是指"个体对体育活动所持的评价、体验和行为倾向的综合表现",其最直观的表现是学生参加体育运动的频率。在对学生课后进行体育运动的频率调查过程中发现,有49.2%的学生选择了"经常",有32.2%的学生选择了"有时",有12.0%的学生选择了"偶尔",选择"从不"的学生占6.6%。由表4-9可知,共有81.4%的学生在课后时常参加体育运动,这从另一个侧面也证明了体育协同教学模式能够有效培养学生形成积极的体育态度。

表 4-9　学生课后进行体育运动的频率统计表

运动频率	人数	百分比(%)
经常	476	49.2%
有时	312	32.2%
偶尔	116	12.0%
从不	68	6.6%

体育精神是体育的灵魂。学生在从事体育运动过程中,所体现出的意志品质是其体育精神的重要展现。在对体育课堂协同教学模式实施前后学生的意志品质变化情况调查中发现,在实施体育协同教学之前,有13.2%的学生选择了"很强",有19.8%的学生选择了"比较强",有39.1%的学生选择了"一般",选择"弱"的学生占27.9%。由表4-10可知,共有67.0%的学生认为自己的体育意志品质不强。在实施体育协同教学之后,有27.8%的学生选择了"很强",有34.3%的学生选择了"比较强",有20.1%的学生选择了"一般",选择"弱"的学生占17.8%。由表4-10可知,有62.1%的学生

认为自己的体育意志品质得到了较大的提高，只有37.9%的学生认为自己的体育意志品质不强。通过对比实施体育协同教学模式前后的数据可知，体育协同教学模式由于其独特的创新教学方式，可以全面有效地锻炼学生的体育意志品质，培养他们积极向上的体育精神。

表4-10 体育协同教学模式对学生体育精神的影响情况统计表

协同教学之前	人数	百分比（%）	协同教学之后	人数	百分比（%）
很强	128	13.2%	很强	269	27.8%
比较强	192	19.8%	比较强	332	34.3%
一般	378	39.1%	一般	195	20.1%
弱	270	27.9%	弱	172	17.8%

6.体育课堂协同教学模式对体育教师教学风格的形成因素分析

体育教师的教学风格是"体育教师在科学的教学理论指导下，通过长期教学实践的探索和追求逐步形成的，并通过完美的体育教学活动，在教学观点、教学方式方法、教学技巧、教学作风、教学效果等方面综合体现出来的、稳定的、具有独特个性的教学特点与审美风貌"。体育课堂协同教学模式因其独特的教师组合模式、内容优化模式、教学协同模式和评价多元模式，对体育教师形成"简约、质朴"的教学风格产生了重要的影响，具体表现在以下方面：

体育协同教学模式提升了体育教师的职业道德修养水平，增强了体育教育教学能力，为形成体育教学风格奠定了基础。体育协同教学模式是在新的体育课程改革背景下，对学校体育教学模式积极探索的成果。探索的征程总是充满艰辛。这需要体育教师有较高的职业道德修养水平，热爱体育教育事业，关心和尊重学生，对体育教学工作充满激情与责任。另外，由于体育协同教学模式特殊的教师团队组成结构和要求，体育教师在相互交流、相互合作的体育教学过程中，不断地磨炼自己的体育教育教学综合技能、体育教学组织管理能力、语言表达能力、体育教学设计能力等方面得到了较大的提高,为体育教学风格的形成提供了现实可能。

体育协同教学模式对丰富体育教师的教学经验具有重要的促进作用,有利于体育教学风格的形成。体育协同教学模式的显著特征和创新之处,就是体育教师在体育教学方面实现的多方面协同合作,这无疑极大地促进了体育教师教学经验的高效累积。比如,体育教师可以在与教师团队成员协同合作的教学过程中,研究如何实现优势互补,以提高体育课堂的教学质量;可以研究如何对不同性格、不同学习基础、不同特点的学生进行区别对待,因材施教;也可以提高处理体育课堂突发事件的应变能力;等等。而且,体育协同教学模式可以有效增强体育教师对教学艺术的不懈追求和探索精神,为体育教学风格的形成开辟了重要的思想与实践路径。意识决定行为。为了高效地运用体育协同教学模式实施体育教学活动,需要体育教师对自我的教育教学综合素质做出正确的分析判断,对自我的优势与不足做到准确把握,对自我的体育教学过程、教学方法、教学效果能够不断地进行反思与改进,对体育教育教学理论进行深入探索和不懈追求,努力提高体育教育教学理论素养,促进形成自我的体育教学风格。

五、协同教学模式研究的成果

(一)基本建立了体育协同教学模式的理论框架,形成了体育协同教学模式的实践操作体系

体育协同教学模式的理论框架主要由宏观的哲学认识论,中观的知识观、学习理论、协同论,微观的一般教学论、体育教学理论、信息传播理论、体育课程标准等三大部分构成,是小学体育课堂教学模式的主要理论基础。在此理论的指导下,我们紧密结合自身的体育教学实践,提出了以"一课三磨、民主教学、分组合作"为主要手段,实现体育课堂的人际关系协同;以"精

研教材、精研学生、精研教法"为重要途径,促进体育课堂的教学要素协同;以"保障有力、和谐融洽、持续改进"为基本要求,强化体育课堂的外部因素协同,确保体育教学目标的成功达成等三大主要实践操作策略,并取得了良好的课堂教学效果。

(二)完成了体育课堂协同教学内容的组块化研制

将体育协同教学的课程内容组块化,一是把教材中具有相同的体育技术技能内容进行"组块",如可根据滚翻类的技术技能要求,将滚动、滚翻的教学内容组成滚翻类教学版块;二是以任务驱动的策略,把枯燥的耐久跑教学内容结合地理知识与校园地形地貌进行教学组块,比如校园的定向越野跑;三是采用主题统整的策略,从整体上把一个单元的教学与其他学科知识进行组块,比如将"跑"单元中的起跑、快速跑、障碍跑等与语文、历史学科中的有关红军长征的重大历史进行协同,统整"红色基因"教育单元。通过我们的体育教学实践,证明组块教学能有效地提高学生的学习效率,增强体育课堂教学的融合性、实效性。

(三)形成了体育课堂协同教学模式的课堂教学设计系列课例和科研论文

在运用体育协同教学模式的体育教学实践过程中,我们逐渐形成了一批优秀课堂教学设计课例,如"30米障碍跑""多方位的双脚跳""高抬腿跑""小篮球""小足球""跳短绳""韵律活动和舞蹈""前滚翻""轮滑"等。在课题研究阶段,我们积极开展关于体育协同教学模式的教研活动,在各级各类教育学术期刊上发表了多篇体育教学论文,如曹忠老师的《寻找打开智慧体育课堂之门的"金钥匙"》《打造"情、境"交融的体育智慧课堂》,沈利老师的《我市小学开展轮滑运动现状分析与对策》《小学体育协同教学模式课例的研究》,沈卫英老师的《小学体育课堂中低效行为分析及解决策略》等教研论文,并汇编成《体育课堂协同教学模式论文集》。

（四）提高了学生参加体育学习的积极性，增强了学生体质，增进了学生健康

我们运用体育协同教学模式，优化了体育教师教学团队，精心选择设计了体育教学内容，采用各种有效的体育教学方法与手段，使学生的体育运动和学习兴趣得到了保护，学生的学习积极性得到了显著的提高，学习效果明显增强。我们开展过为期一年的实验班和对照班教改实验，采用协同教学模式的班级经过一年的教学实践，较实验前一年的各项素质成绩相对比，均产生了明显提高；平行班中未开展协同教学模式的班级，所检测的各项成绩与上一年对比，大部分身体素质成绩提高幅度低于实验班；实验班显示出了教改后的显著差异性，表明体育协同教学模式可以提高课堂教学的有效性。

六、问题与展望

随着新一轮学校体育改革的持续推进与不断深入，如何进一步丰富与完善体育协同教学模式的结构体系？如何促进体育教学系统中各要素之间的联系更加紧密，功能更加互补，效能更加强化？如何使体育协同教学模式的操作流程更加简便，教学效果更加实效？……这一系列问题的回答，需要广大体育教师在体育一线教学实践过程中，持续深入地研究体育协同教学的内在规律，运用协同学原理对体育课堂教学系统内外因素进行高度的协同整合，强化体育课堂教学系统的协同效应，从而推动体育课堂教学过程朝着更加高效的方向发展。同时，值得注意的是，科学理论的探索之路从来都不是一帆风顺的，其征程往往也伴随着挫折和痛苦。正如小学体育课堂协同教学模式的研究一样，虽有创新的喜悦之时，但更有其欠缺与不足之处，需要广大体育教师和体育科研工作者进行不断的深入钻研与探索、丰富与完善，为深化我国的学校体育改革事业贡献力量。

附录一：

体育课堂教学满意度调查问卷（学生卷）

亲爱的同学：

  你好！为了解现阶段我校体育课堂教学的现状，我们正在对我校学生做相关方面的问卷调查，你对本问卷的回答将是我们进行这一课题的研究依据。本调查问卷不记名，也没有正误之分，并且我们将对本卷的所有回答进行保密，请你如实回答以下问题，谢谢你的配合！

江苏省教育科学"十二五"规划重点课题
"在组块教学理念下小学体育课堂协同教学模式研究"课题组

（请将你的答题选项或答案写在题目的括号里，可多选）

1. 你的性别(A. 男   B. 女)   年级(   )
2. 你喜欢上体育课吗？（ ）
  A. 非常喜欢 B. 比较喜欢 C. 一般 D. 不喜欢
3. 如果不喜欢，你不喜欢的原因是什么？（ ）
  A. 体育活动太累太辛苦 B. 不喜欢体育课的内容
  C. 不喜欢体育课的组织形式 D. 不喜欢体育老师
4. 你喜欢什么样的体育老师？（ ）
  A. 严肃认真   B. 幽默风趣
  C. 运动技能突出   D. 有爱心，能师生同练
5. 你觉得体育老师喜欢你、关心你吗？（ ）
  A. 是的 B. 没觉得 C. 有时 D. 无所谓
6. 体育老师课堂上有过体罚或变相体罚的现象吗？（ ）
  A. 有   B. 没有   C. 有时   D. 记不清

7. 您对体育老师的教学方法、手段满意吗？（　　）

　　A. 一般　　　　　B. 满意　　　　　C. 很满意　　　　D. 不满意

8. 你是否喜欢现在的体育教学模式？（　　）

　　A. 十分喜欢　　　B. 较喜欢　　　　C. 一般喜欢　　　D. 不喜欢

9. 现在的体育教学模式能满足你在体育学习方面的需求吗？（　　）

　　A. 非常满意　　　B. 比较满意　　　C. 说不清　　　　D. 不满意

10. 你是否喜欢老师让同学自己组织部分教学活动？如自己做准备活动，做自编操、游戏。（　　）

　　A. 一般　　　　　B. 喜欢　　　　　C. 很喜欢　　　　D. 不喜欢

11. 你在体育课中最喜欢的运动项目是什么？（　　）

　　A. 田径　　B. 篮球　　C. 乒乓球　　D. 排球　　E. 羽毛球

　　F. 足球　　G. 乒乓球　　H. 跳绳、踢毽子　　I. 其他请填写（　　）

12. 你现在的体育课教学内容以什么为主？（　　）

　　A. 游戏　　　　　B. 运动技能教学　　C. 自由活动　　　D. 其他

13. 你希望体育课多安排什么活动内容？（　　）

　　A. 田径　　B. 篮球　　C. 乒乓球　　D. 排球　　E. 羽毛球

　　F. 足球　　G. 乒乓球　　H. 跳绳、踢毽子　　I. 其他请填写（　　）

14. 你认为体育课成绩应该怎么评价？（　　）

　　A. 以考试为标准　　　　　　B. 以课堂表现评价

　　C. 标准因人而异　　　　　　D. 自身有进步

15. 你喜欢哪种体育课教学分组形式？（　　）

　　A. 男女分组　　　　　　　　B. 运动技能水平

　　C. 全班随机分组　　　　　　D. 按身高差异分组

16. 你对体育课堂协同教学模式的态度是怎样的？（　　）

　　A. 非常欢迎　　　B. 比较欢迎　　　C. 一般　　　　　D. 反感

17. 体育课堂协同教学模式实施前后,你在进行体育学习时的兴趣高吗?
( )

  (1)协同教学之前 A.高 B.一般 C.低 D.不清楚

  (2)协同教学之后 A.高 B.一般 C.低 D.不清楚

18. 体育课堂协同教学模式实施前后你在体育学习时注意集中度的情况是怎样的?( )

  (1)协同教学之前 A.高 B.一般 C.低 D.不清楚

  (2)协同教学之后 A.高 B.一般 C.低 D.不清楚

19. 体育课堂协同教学模式实施前后,你进行体育学习时学习情绪是怎样的?( )

  (1)协同教学之前 A.很积极 B.比较积极 C.一般 D.消极

  (2)协同教学之后 A.很积极 B.比较积极 C.一般 D.消极

20. 你认为你自己的意志品质在体育协同教学模式实施前后分别是什么水平?( )

  (1)协同教学之前 A.很强 B.比较强 C.一般 D.弱

  (2)协同教学之后 A.很强 B.比较强 C.一般 D.弱

21. 你认为你体育学习的思维的积极性在体育协同教学模式实施前后分别是什么情况?( )

  (1)协同教学之前 A.很积极 B.比较积极 C.一般 D.不积极

  (2)协同教学之后 A.很积极 B.比较积极 C.一般 D.不积极

22. 体育协同教学模式实施前后,你和老师的关系处理有何变化?( )

  (1)协同教学之前 A.很融洽 B.比较融洽 C.一般 D.不融洽

  (2)协同教学之后 A.很融洽 B.比较融洽 C.一般 D.不融洽

23. 你喜欢体育协同教学模式前的体育课还是体育协同教学模式后的体育

课？你认为喜欢体育协同教学模式体育课的最主要原因是什么？（　　）

  A.喜欢实施体育协同教学模式之前的体育课

  B.喜欢实施体育协同教学模式之后的体育课

  原因：①兴趣爱好的满足　②运动能力的提高　③身体素质的增强

    ④交流能力的提高　⑤同学关系的改善

24.你和你的同学，合作的时间和实施体育协同教学模式的体育课以前相比较，时间是多了还是少了？（　　）

  A.多了很多　　B.多了一点　　C.没有变化　　D.不清楚

25.下课了，你还会去进行体育运动吗？（　　）

  A.经常　　B.有时　　C.偶尔　　D.从不

26.你认为实施体育协同教学模式的教学后,对你体育知识的增加有帮助吗？（　　）

  A.非常有　　B.比较有　　C.一般　　D.没有

27.你认为实施体育协同教学模式的教学后,对提高你的体育技能有帮助吗？（　　）

  A.非常有　　B.比较有　　C.一般　　D.没有

28.你认为实施体育协同教学模式的教学后,对提高你的体育技能有帮助吗？（　　）

  A.非常有　　B.比较有　　C.一般　　D.没有

29.实施体育协同教学模式的体育教学后,你认为你的学习积极性是否得到提高了？（　　）

  A.是　　B.否　　C.不清楚　　D.无所谓

30.实施体育协同教学模式的体育教学后,你认为你的学习自信心是否得到了增强？（　　）

  A.是　　B.否　　C.不清楚　　D.无所谓

31. 实施体育协同教学模式的体育教学后,你认为你的竞争意识是否得到了增强?( )

  A.是   B.否   C.不清楚   D.无所谓

  对于你所提供的协助,我们表示诚挚的感谢!为了保证资料的完整与翔实,请你再花几分钟,检查一下自己填过的问卷,看是否有填错、漏填的地方。谢谢!

附录二:

当前小学体育课堂教学模式运用情况调查问卷(教师卷)

尊敬的老师:

  您好!为了解当前小学体育课堂教学模式的运用情况,我们正在对苏州市小学体育教师做相关方面的问卷调查,您对本问卷的回答将是我们进行这一课题的研究依据。本调查问卷不记名,也没有正误之分,并且我们将对本卷的所有回答进行保密,请您如实回答以下问题,谢谢您的配合!

江苏省教育科学"十二五"规划重点课题
"在组块教学理念下小学体育课堂协同教学模式研究"课题组

(请将你的答题选项或答案写在题目的括号里,可多选)

1. 您目前的职称是(　　)

  A.正高级教师 B.副高级教师 C.一级教师 D.二级教师

2. "体育教学模式"这一概念您了解吗?(　　)

  A.非常了解 B.比较了解 C.一般 D.不了解

3. 体育教学模式是体现某种教学思想的教学程序,它包括相对稳定的教学过程结构和相应的教学方法体系,主要体现在教学单元和教学课的设计和

实施上。您赞同这种提法吗？（   ）

　　A.非常赞同　　　B.比较赞同　　　C.不赞同　　　D.不清楚

4.体育教学模式与体育课堂教学策略是近似概念，没有区别。您同意吗？
（   ）

　　A.非常赞同　　　B.比较赞同　　　C.不赞同　　　D.不清楚

5.根据对教学模式和体育教学模式的理解，可以认为体育教学模式的基本构成要素主要有理论基础、功能目标、实现条件、活动程序和教学评价5个部分。您同意吗？（   ）

　　A.非常赞同　　　B.比较赞同　　　C.不赞同　　　D.不清楚

6.您在体育课堂教学中运用的体育教学模式有（   ）

　　A.运动技能传授模式　　B.身体素质发展模式　　C.情境教学模式

　　D.选项教学模式　　　　E.成功体育教学模式　　F.体验教学模式

　　G.小群体育教学模式　　　　H.领会式体育教学模式

　　I.发现式体育教学模式　　　　J.快乐体育教学模式

7.您对在体育课堂教学中选择体育教学模式的根据是什么？（   ）

　　A.教学目标　　　B.教学内容　　　C.教学条件　　　D.学生情况

8.体育教学目标在体育教学模式的构成因素中居于主导、核心地位，对其他教学因素具有制约作用，同时也是该种体育教学模式评价的标准。您同意吗？（   ）

　　A.非常赞同　　　B.比较赞同　　　C.不赞同　　　D.不清楚

9.您认为影响体育教学模式的实现的条件有哪些？（   ）

　　A.体育教师　　　　　B.学生　　　　　　C.课程内容

　　D.教学手段　　　　　E.场地器材　　　　F.不清楚

10.体育教学模式的活动程序实质上是处理教师、学生与教学内容和教学方

法的关系及其在时间顺序上的实施。您同意吗？（　　）

  A. 非常赞同　　B. 比较赞同　　C. 不赞同　　D. 不清楚

11. 体育教学模式的教学评价，是根据这种特定的体育教学模式设计和提出的评价标准和方法，是适用于此种教学模式的情景和范围及功能下的教学评价。您同意吗？（　　）

  A. 非常赞同　　B. 比较赞同　　C. 不赞同　　D. 不清楚

12. 您认为体育课堂教学模式的选择与体育教师的教学风格和个性有关吗？（　　）

  A. 非常有关　　B. 比较有关　　C. 一般　　D. 无关

13. 您对目前体育课堂教学中运用的体育教学模式满意吗？（　　）

  A. 非常满意　　B. 比较满意　　C. 一般　　D. 不满意

14. 您在体育课堂教学中能灵活运用体育教学模式吗？（　　）

  A. 能　　B. 不能　　C. 一般　　D. 无所谓

15. 您认为在体育课堂教学中是运用单一体育教学模式效果好还是几种体育教学模式综合运用效果好？（　　）

  A. 单一　　B. 综合　　C. 不清楚　　D. 无所谓

16. 在体育课堂教学中灵活地选择教学模式、教学方法、教学手段，并适时进行调控是非常重要的。您同意吗？（　　）

  A. 非常赞同　　B. 比较赞同　　C. 不赞同　　D. 不清楚

17. 选择适合的体育教学模式，能有效提高学生学习的主动性和积极性。您同意吗？（　　）

  A. 非常赞同　　B. 比较赞同　　C. 不赞同　　D. 不清楚

18. 了解学生的心理特征，知道在课堂上他们最想用什么样的方式学习是上好体育课最重要的因素之一。您同意吗？（　　）

  A. 非常赞同　　B. 比较赞同　　C. 不赞同　　D. 不清楚

19. 请您简要地谈谈在新课程改革背景下研究体育教学模式的实践意义。

对于你所提供的协助,我们表示诚挚的感谢!为了保证资料的完整与翔实,请你再花几分钟,检查一下自己填过的问卷,看是否有填错、漏填的地方。谢谢!

附录三:

体育协同教学模式的教学设计实施情况调查问卷(教师卷)

尊敬的老师:

您好!为了解当前我校体育协同教学模式的教学设计实施情况,我们正在对我校体育教师做相关方面的问卷调查,您对本问卷的回答将是我们进行这一课题的研究依据。本调查问卷不记名,也没有正误之分,并且我们将对本卷的所有回答进行保密,请您如实回答以下问题,谢谢您的配合!

江苏省教育科学"十二五"规划重点课题
"在组块教学理念下小学体育课堂协同教学模式研究"课题组

(请将你的答题选项或答案写在题目的括号里,可多选)

1. 您目前的职称是( )

 A.正高级教师 B.副高级教师 C.一级教师 D.二级教师

2. 您了解什么是体育课堂教学设计吗?( )

 A.非常了解 B.很了解 C.一般 D.听说过

3. 您是否赞同"教学设计是由教学目标的设计、达成教学目标的诸要素的分析与设计、教学效果的评价"三个环节所构成?( )

A. 非常赞同　　　B. 比较赞同　　　C. 不赞同　　　D. 不清楚
4. 体育课堂教学设计的内容要素包括哪些？(　　　)
　　A. 教学问题分析　　　B. 学习者分析　　　C. 学习内容分析
　　D. 教学目标的设计　　E. 教学策略的设计　　F. 教学环境的设计
　　G. 教学方案的评价　　H. 其他
5. 您认为教学设计的内涵是什么？(　　　)
　　A. 写教案的过程　　　　　　　B. 设计教学活动步骤的过程
　　C. 制定解决教学问题方案的过程　　D. 其他
6. 您认为教学设计的成果是什么？(　　　)
　　A. 教案　　　B. 教学活动程序　　C. 教学系统方案　　D. 其他
7. 您认为教学设计对于一堂体育课重要吗？(　　　)
　　A. 非常重要　　B. 很重要　　C. 一般　　D. 不重要
8. "体育协同教学模式"这一概念您了解吗？(　　　)
　　A. 非常了解　　B. 比较了解　　C. 一般　　D. 不了解
9. 体育协同教学模式是指在组块教学理念的引领下，以协同学理论为主要理论基础，将体育教学内容组块化，以"1+x"的教学模式传授和掌握体育核心技术技能，发展学生的体育核心素养，促使形成体育学科的内、外部各种因素的多方面综合协同效应，切实提高学生体质健康水平、心理健康水平和社会适应能力的一种教学方式。您赞同这种提法吗？(　　　)
　　A. 非常赞同　　　B. 比较赞同　　　C. 不赞同　　　D. 不清楚
10. 您在体育课前是否运用协同教学模式进行课堂教学设计？(　　　)
　　A. 每次　　　B. 经常　　　C. 偶尔　　　D. 不进行
11. 如果不运用协同教学模式进行教学设计，原因是什么？(　　　)
　　A. 没时间　　　B. 不知道如何进行　　　C. 没有必要
　　D. 效果不好　　E. 学校没有要求　　　F. 其他原因

12. 您认为运用体育协同教学模式进行教学设计和运用体育传统教学模式进行教学设计相比,哪种教学效果好?(　　)

　　A. 协同教学模式　　　　　　B. 传统教学模式

　　C. 两者差不多　　　　　　　D. 不清楚

13. 您认为运用体育协同教学模式进行教学设计对于体育课程实施效果的影响程度如何?(　　)

　　A. 影响很大　　　B. 影响较大　　　C. 一般

　　D. 不太重要　　　E. 不重要　　　　F. 不清楚

14. 您在体育课前是否认真分析学生的基本情况?(　　)

　　A. 每次　　　B. 经常　　　C. 偶尔　　　D. 不进行

15. 如果是,主要从哪几方面进行?(　　)

　　A. 学生的兴趣、爱好　　　　B. 学生的体育基础能力

　　C. 学生的学习需求　　　　　D. 其他

16. 您在体育课前是否认真分析教材内容?(　　)

　　A. 每次　　　B. 经常　　　C. 偶尔　　　D. 不进行

17. 您在体育课前是否有科学设计、安排场地器材的情况?(　　)

　　A. 每次　　　B. 经常　　　C. 偶尔　　　D. 不进行

18. 您在体育课后是否反思课的设计合理性?(　　)

　　A. 每次　　　B. 经常　　　C. 偶尔　　　D. 不进行

19. 在您的印象中,有多少学生在体育课中能够达到学习目标?

　　A. 全班都能　　　B. 大多数　　　C. 一半

　　D. 较少　　　　　E. 很少　　　　F. 不清楚

20. 您对自己的体育课堂教学设计满意程度如何?(　　)

　　A. 非常满意　　　B. 很满意　　　　C. 一般

　　D. 不满意　　　　E. 很不满意　　　F. 不清楚

21. 如果满意,请选择原因( )

　　A. 大部分学生在课堂上能够积极主动地学习

　　B. 基本完成了预期的教学目标

　　C. 在教学中严格地执行了教案内容

　　D. 其他

22. 如果不满意,请说明原因。

23. 您认为实施体育协同教学模式的教学设计存在的困难有哪些?请按重要程度列举4条。

24. 请您简要地谈谈对体育协同教学模式的教学设计有何看法和建议。

　　对于你所提供的协助,我们表示诚挚的感谢!为了保证资料的完整与翔实,请你再花几分钟,检查一下自己填过的问卷,看是否有填错、漏填的地方。谢谢!

附录四：

专家调查问卷

尊敬的专家先生：

  您好！为完成江苏省教育科学"十二五"规划重点课题"在组块教学理念下小学体育课堂协同教学模式研究"，我们课题组设计了以下问卷。现恳请您在百忙之中抽出点时间就问卷内容的效度给予评价，不胜感激！

江苏省教育科学"十二五"规划重点课题
"在组块教学理念下小学体育课堂协同教学模式研究"课题组

您的职称是:(在相应的空格内打"√")

教授	副教授	讲师	助教

您对本问卷设计的效度评价为:(在相应的空格内打"√")

高	较高	一般	较低	低

您的签名：
年 月 日

第五章

体育协同教学案例

第一节 "30米障碍跑"教学设计、教案及课堂实录

一、设计思路

本课贯彻"健康第一"的指导思想,以学生发展为中心,注重培养学生自主锻炼意识。在障碍跑教学中,将多个障碍设置进行协同融合,提高学生快乐自主参与的积极性。本课在发挥教师主导作用的前提下,从学生儿童快乐心理及身心健康发展需求出发,构建学生的主体地位,运用自主、合作的相关理论开展教学,力求为学生营造一个亲切、和谐、宽松的学习氛围,在提高学生自学、自练能力的同时,培养合作意识,提高学生锻炼身体的积极性、主动性,为终身体育意识打下良好的基础。

二、教学价值与意义

第一,在促进学生身体健康水平发展上:有效发展学生下肢力量和腰腹力量,促进全身协调用力的能力提升。

第二,在增进学生心理健康功能上:通过有一定趣味性的专项教学内容,可以培养学生的运动兴趣,获得心理上的愉悦。

第三,在提高社会适应力上:跑与生活实际相关,通过本课教学对增强学生自我锻炼意识有重要作用,提高学生利用环境、适应环境的能力。

三、教材的选择与分析

第一,障碍跑是田径项目的一项素质训练练习。练习障碍跑可以使身

体灵敏与协调,增强学生力量、柔韧、耐力素质。

第二,反复的障碍跑练习会使学生感到枯燥、乏味,产生厌倦情绪,所以采用多种障碍的协同融合教学,多样的练习方式可以激发学生的竞争意识,提高学生的学习积极性,从而提高学生的身体素质,真正做到全面锻炼、全面发展。

四、学情分析

第一,本次课授课对象是水平二(四年级)学生,这个年龄段的学生活泼好动、模仿能力强、游戏心强,利用不同形式的高抬腿方法,引导学生思考,激发学生的好奇心,提高学生的学习积极性,让学生带着问题进行练习,发展学生力量、协调、速度等身体素质。

第二,游戏比赛练习运用已经有"感情"的"单个"障碍跑,以协同的形式,一方面激发学生的竞争意识,另一方面巩固所学内容。

因此,在课时计划制定时充分考虑了学生的生理、心理特点和障碍跑的教材特点,并由此制定了以下学习目标。

五、学习目标

第一,学生乐意接受教师指导,知道高抬腿跑的动作要领。

第二,学生积极主动参与练习,能勇敢地展示自己,在练习中互帮互助,主动与他人合作交流,共享运动的乐趣和成功的喜悦。

第三,发展力量、协调等身体素质,培养刻苦学习、遵守纪律的态度。

六、学习重难点

学习重点:通过各种障碍的技术;学习难点:安全通过障碍。

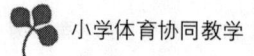

七、教学组织策略

(一)游戏教学,激兴趣

本课根据学生实际设计了富有趣味性的SPARK专项游戏,让学生在游戏中掌握障碍跑的一些动作要领,学生在游戏中把枯燥、机械的跑动作游戏化,同时又掌握了通过障碍跑的动作技术。

(二)主动探究,善思维

四年级学生已经具备了一定的思维能力,也有了一定的知识储备和学习、生活经历,教师在教学过程中采用设问、引导、分层和挑战的教学手段,让学生在学会思考问题、分析问题、解决问题的同时掌握各种障碍通过的方法。

(三)伙伴互助,促交往

在教学中多采用小组合作交流、同伴互助、相互竞争等多种协同教学方法和手段,使学生能有效地沟通,通过积极的相互支持、配合,提高学生的协作精神,培养学生团结协作、携手共进的精神和意识。

八、教与学的方式

第一,常规——队列队形——SPARK专项准备活动。

第二,各种障碍跑练习:教师讲解示范——学生模仿——不同的障碍跑练习——师生共同探讨——自主练习——互相展示——互相评价。

第三,游戏练习:讲解规则——提出要求——自主练习——自我评价。

第四,放松,小结,点评,师生再见。

九、教学特色

围绕障碍跑的动作要领,本着求实、拓宽、探索、创新的思路展开,运用竞赛、游戏等学习手法,创设宽松而愉悦的学习氛围,给学生提供探究学习的空间,让学生自主评析,自我调控。鼓励学生自定目标,大胆创新、群策群力、各显神通、取长补短,将分析评价巧妙地贯穿教与学的全过程,并在锻炼身体的同时,潜移默化地对学生进行规则公平、深度学习等核心素养培养渗透,培养学生勇敢、顽强和互帮互助的良好品质。师生之间的平等交流,体现教学的民主性、学生的主体性。整节课始终在欢乐、轻松、活泼的氛围中进行师生的双边活动,力求体现"协同、简约、质朴、实效"的教学风格。

"30米障碍跑"课堂实录

(江苏教师用书《科学的预设 艺术的生成》四年级)

【教学实录】

板块一:热身准备(生理,心理协同)

师:地面上有纸屑,我们看见应该怎么办啊?

生:捡起来,扔垃圾箱。

师:现在已经上课了,这样吧,我们每人拾起一张,放自己口袋里,下课后扔垃圾箱,好不好?

生:好。(学生每人拾起一张放口袋)

师:(夸赞)校园清洁人人有责,同学们都是好样的。今天这场地看出来我们要学习什么了吗?

生:(齐声)障碍跑!

师:真好!那么,你们知道有哪些通过障碍的方法吗?

生:(纷纷发言)爬、钻、跳……

师:同学们说得都很好,今天我们要学习的是四种通过障碍的方法:翻爬、跨越、绕行和钻穿。在学习与练习中,重点是合理通过各种障碍,难点是既要快速更要安全通过障碍。下面我们进行一些运动前的热身。

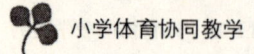

（生随教师示范及指导热身活动）

师：锻炼是终身运动，我们在进行专项的运动锻炼时，都有专项的准备热身，田径的跑我们知道哪些专项的准备？

生：压腿……

师：每项运动都有自己的专项准备，跑基本的部位有腰、膝、踝等，一起来做一下。

（生练习）

板块二：技术技能学与练

师：热身活动我们做好了，接下去我们就要学习障碍跑，现在我们进行分组，怎么分组呢？废物利用，前面我们捡起的纸屑我们利用一下，把它贴在胸前……

（生贴标记）

师：发现什么了？

生：不同形状的，有个小角……

师：有个小角是方便撕开，其实是我先前特意准备的，方便你们，是不是该说声什么啊？

生：谢谢！

师：不用谢。以后要记住，给你方便的人，都要说谢谢。

（生表示赞同）

师：做一个游戏，现在开始，每一个人都快速地找到和自己的标记一样的位置，看哪一组最快，开始。

（生快速寻找）

师：现在我们已经分成了六组，这是同学们自发组成的小组，现在开始，要求每组记住两个字：合作。我们要比一比，哪组合作得最好！

生:明白!

师:前面这个障碍怎么过?(课桌)

生:钻、绕、爬……

师:如果这课桌很长,没法绕,下面又是实体的,不好钻,怎么办呢?刚才一个同学说得很好,爬。怎么爬?翻爬。教师示范。

(生跟示范练习)

师:翻爬的重点三个字:一撑二跨三转。现在每个组相互合作,看哪组最快完成。

(生练习)

师:看看在10秒的时间能不能完成,好不好?

生:好!(练习)

师:真好,看看6秒能不能完成,好不好?

生:好!(练习)

师:真棒!那么5秒呢?试试?

生:好!(练习)

师:巩固一下,每个同学翻爬后到前面一个障碍排队等候。

(生练习)

师:这是什么障碍?

生:栏架。

师:怎么过?

生:跨……

师:真棒,你来试试。

(生示范)

师:初步接触跨栏,我们只要记住一攻二折三拉就可以,以后到中学有专门的跨栏教学。

（生练习）

师：以小组为单位，练习3次，然后到下一个障碍等候。

（生练习）

师：这是什么障碍？

生：椅子。

师：怎么过？

生：跳，跨，绕……

师：有个同学说得真好，绕。每一个同学试试怎么绕。

（生练习）

师：怎么以最快的速度绕过去？

生：范围小点，扶着椅子……

师：这同学说得好，扶着椅子，就是以最小的半径绕。要学会说专业术语"半径"，为什么半径小就绕行快呢？数学课上大家可以问数学老师，让数学老师给你们解释。现在按这同学的做法，每个同学练习3次。

（生练习）

师：这是什么障碍？

生：圆圈。

师：怎么过？

生：钻。

师：都很聪明，试试看，看谁钻得最快？

（生练习）

师：钻的要点是：一团，二伸，三移。

（生练习）

师：每人练习3次后，到前面的标志杆等候。

（生练习）

师:这障碍怎么过,大家都知道了,每人一次绕过后从右侧跑回课桌前等候。

(生练习)

板块三:技术技能运用协同

师:四个障碍有不同的通过方法,现在我们整合起来,运用不同的通过障碍方法,相互协同,以最快的速度安全通过障碍。进行一个比赛好不好?

生:好!

师:把所学的技术技能运用起来,需要的是规则。我们必须在遵守规则下,进行比赛,能不能做到?

生:能!

师:开始比赛。

(生技术技能运用的协同比赛)

板块四:生理恢复调整

师:同学们练习很积极,也很疲劳,需要休息一下,我们一起做疲劳恢复练习,大家坐下,把两腿拉一拉,抖一抖……谁能按老师说的词结构让我们一起放松一下?

生:伸一伸,甩一甩,拍一拍……

师:真棒,看来学好语文很重要,课后我们可以去整理一下,像这样的词结构还有哪些,好不好?

生:好。

师:今天的课我们学了什么?

生:障碍跑,翻爬,跨越,绕行,钻穿。

师:说得很好,今天下肢锻炼得很多,所以回家要进行上肢练习,可以举书包20次每组,一共三组。现在下课,谢谢同学们!

小学体育协同教学

第二节 "越过障碍掷准"水平三(五年级)教学案例

一、指导思想

本课依据《义务教育体育与健康课程标准(2011年版)》水平三学习领域水平发展目标,以提升学生体育核心素养为中心,培养学生参与趣味田径运动的兴趣,让学生在学练中充分发挥主观能动性,使学生学会学习、学会合作、学会创新。本课教学设计以"为家乡增光添彩"为情感主线,通过学习体验、合作学练、比赛挑战等教学方式活跃课堂气氛,使学生在互助合作中感受体育学习的乐趣和成功的喜悦。

二、教材简析

"越过障碍掷准"是少儿趣味田径项目的主要内容之一,此教材让学生体验越过障碍物的各种投掷练习,能充分发展学生的运动能力,提高学生的力量、灵敏、协调等身体素质。五年级学生已学过跪姿投掷、双手从头上向前掷实心球等投掷方法,本节课的重点是掷准。在教学中,通过引导学生自主学练和合作体验,让学生轻松掌握动作技能,享受少儿趣味田径活动的快乐。

三、学情分析

五年级学生认知能力、表现欲望逐渐增强,而且对体育学习热情较高,能在集体活动中和他人团结合作，完成练习任务，但各方面都缺乏持久性、连续性和稳定性，所以在进行技能学习时应由易到难、循序渐进，让学生在学中练、玩中练、赛中练。

四、教学过程

（一）准备部分

队列队形练习——找伙伴、快快集合。引导学生以饱满的精神状态投入到本课的学练中；器械操帮助学生热身，发展学生的模仿能力和协调能力；小游戏"换物"，锻炼学生向前的脚步，体会"稳定"的意义。

（二）基本部分

学习新授：通过组织学生复习原地正面向前掷标枪，导出向前两步投掷标枪的姿势。教师讲解示范上两步正面投掷方法，强调持枪姿势要稳，传授正确的动作概念，组织学生两人一组结伴练习，提示学生在练习中相互学习、相互鼓励、相互纠错。

团队展示：每个代表队，通过练习，推荐优秀学生代表展示，体现团队精神，在相互展示中提升动作的准确性和身体协调用力的连贯性。

掷准比赛：进一步巩固上两步助跑投掷的动作要领，培养学生遵守规则，公正、公平比赛的合作精神，进一步掌握掷准的动作要领。

（三）结束部分

为每队的冠军运动员颁发奖章，团队成员围成一组进行分享总结。教师带领学生拉伸放松，教师布置回家作业，把体育锻炼延伸到课外，培养学生终身体育的意识。

五、教学特色

第一，本课以"我为家长争光彩"为主线，教学情境贯穿整节课的始终，让学生在投准这一技术学习中学会自学、互学,共享少儿趣味田径课堂的乐趣。

第二,充分利用器材资源,把少儿趣味田径器材(标枪)和小垫子有机组合,创设多种体育活动,使体育课堂更丰富、更有趣、更实效。

六、教学风格

追求"平实高效、伙伴合作"的体育课堂。运用生动有趣的教学方法激发学生参与学习的热情;在平实的教学设计里,追求学习目标的高效达成;通过团队合作、伙伴互助凝聚集体主义责任感,激发学生热爱学习、热爱学校、热爱家乡、热爱祖国的情怀。让有限的40分钟,产生无限的教育力。

第三节 "冲刺／跨栏／绕杆接力"教学案例

一、设计思路

本课贯彻"健康第一"的指导思想,以学生发展为中心,注重培养学生自主锻炼意识。以趣味教学为主线,激发学生快乐自主参与的积极性。本课在发挥教师主导作用的前提下,从学生儿童快乐心理及身心健康发展需求出发,构建学生的主体地位,运用自主、合作的相关理论开展教学,力求为学生营造一个亲切、和谐、宽松的学习氛围,在提高学生自学、自练能力的同时,培养合作意识,提高学生锻炼身体的积极性、主动性,为培养终身体育意识打下良好的基础。

二、教学价值与意义

第一,促进学生体质健康发展:通过快速奔跑、跨越障碍、绕杆等手段,有效发展并提高学生下肢力量以及腰腹力量,通过组合动作练习促进学生的协调能力发展。

第二,增进学生心理健康发展:让学生在趣味组合专项练习中,培养运动兴趣,帮助学生获得运动后心理上的愉悦。

第三,提高社会适应能力:奔跑、障碍、折返等运动能力在日常生活中诸多场景需要运用。通过课堂教学,可以帮助学生提高适应社会生活环境能力。

三、教材的选择与分析

常规的快速跑、跨栏、接力,课堂教学往往是独立进行,教学手段单一,学生缺乏运动兴趣,参与度不高。采用趣味田径组合教学和示范、竞赛、挑战等教学形式,可以极大地激发学生的运动兴趣,使其在积极参与中获得运动的快乐,得到身体素质的增强。

四、学情分析

本次课授课对象是水平二(四年级)学生,这个年龄段的学生活泼好动、模仿能力强、游戏心强,采用趣味田径教学,更能提高学生的学习积极性,有效发展学生力量、协调、速度等身体素质。

游戏比赛练习运用已经有"感情"的"跨栏,绕杆回旋"跑,练习采用比赛形式,一方面激发学生的竞争意识,另一方面巩固所学内容。

因此,在课时计划制定时充分考虑了学生的生理、心理特点和高抬腿跑的教材特点,并由此制定了以下学习目标。

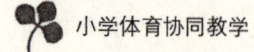

五、学习目标

学生乐意接受教师指导,知道回旋的动作要领;学生积极主动参与练习,能勇敢地展示自己,在练习中互帮互助,主动与他人合作交流,共享运动的乐趣和成功的喜悦;发展力量、协调等身体素质,培养刻苦学习、遵守纪律的态度。

六、学习重难点

学习重点:绕杆回旋技术;学习难点:上下肢协调配合。

七、教学组织策略

(一)趣味教学,激兴趣

以游戏进行教学,让学生在游戏中把枯燥、机械的跨栏、绕杆等动作游戏化,同时掌握动作技术。

(二)主动探究,善思维

四年级学生已经具备了一定的思维能力,也有了一定的知识储备和学习、生活经历,教师在教学过程中采用设问、引导、分层和挑战的教学手段,让学生在学会思考问题、分析问题、解决问题的同时掌握投掷的方法。

(三)伙伴互助,促交往

在教学中多采用小组合作交流、同伴互助、相互竞争等方法和手段,使学生能有效地沟通,通过积极的相互支持、配合,提高学生的协作精神,培养学生团结协作、携手共进的精神和意识。

八、教与学的方式

第一,常规——队列队形——游戏专项准备活动。

第二,组合练习:教师讲解示范——学生模仿——跨栏练习、绕杆回旋练习、快速跑冲刺——师生共同探讨——自主练习——互相展示——互相评价。

第三,游戏练习:讲解规则——提出要求——自主练习——自我评价。

第四,放松,小结,点评,师生再见。

九、教学特色

围绕跨栏跑,绕杆回旋跑的动作要领,本课以学习共同体组建、生活实践运用进行思路设计。课堂教学主要运用合作游戏、小组竞赛等教学方法,为学生创设实践运用、伙伴协同、交往与沟通的学习空间,学习共同体的建构采用以不同颜色的标记随机快速组队的方式,这样一来,学生拥有"陌生"的团队,在团队里学生通过自我调控提升交往与沟通能力。整堂课以分段游戏的方式进行各种障碍的教学,强调游戏规则的遵守,让学习共同体中的成员相互监督、相互勉励、互帮互助,以练习活动中的秩序遵守等对学生进行公正公平、团结拼搏品质教育。教学充分体现师生之间的平等,注重教学的民主性和学生的主体性,追求"简约、扎实、有趣、有效"的教学风格。

第四节 "跳跃:双脚连续向前跳(二年级)"及校本教材 "轮滑:单蹬双滑、接龙游戏(四年级)"磨课实录

磨课实录

主持人(孟文砚):今天,我们导师团队来到盛泽实验小学,看了两节课,比上一次来看的课有很大提高,接下来我们一节课一节课评,首先我们请周锦老师来汇报一下这节课的设计思路和上课感想。

周锦:尊敬的孟处和专家们,非常荣幸在这次活动中作为协同教学的主讲教师开设了公开课,下面我就从我的教学主张、课的由来、课题背景、研究内容构成要素、重难点、方法、预计效果等七个方面汇报我这节课的设计思路。(略)

主持人:好,接下来请听课的老师逐一评课。我们先听全部的体育老师的评课。听课的老师都要说,大胆地说,有什么说什么,有多少说多少。

曹忠:我先说吧,带个头。关于协同教学这个课题研究有两个目的:1.在现在体育专职师资缺乏的情况下,能缓解因师资缺乏带来的体育课堂教学的压力。在阳光体育大课间中的协同,由体育老师对一些体育动作进行教学,然后由班主任和班辅导完成后续的练习任务。2.在农村小学体育师资严重缺乏的情况下,一些学校会有一部分兼职的体育教师,这一部分教师教学基本功上很难满足体育课的要求,我们希望通过专业教师与非专业教师之间的协同教学,进行尝试,克服目前的困难。专业与非专业之间如何协同、

教学内容如何进行组块是我们面临的最大问题,需要专家们给予我们方法上的指导。

主持人:曹校长给大家开了个头,从协同教学的研究目的解释了课题研究的想法,讲得很好,掌声鼓励。下面哪一位老师说?

蔡茂华:我对协同教学一直有两个疑问,这也是我们在前面两次磨课的时候我的疑问。两位老师协同上课的教学效果是否能超出两位老师同时上两个不同的班级而产生的教学效率,也就是"1+1"是否真的能大于2?再一个问题是,是不是所有的教材都适合协同教学?

主持人:曹校长解释了协同教学的内涵和外延,蔡老师提出了两个疑问,下面我们请特级教师来评课和答疑,先请特级教师周燕老师评课。

周燕:孟处安排我听了周老师和李老师"双脚跳"这节课,谈谈我对这节课的一些想法。

第一,协同教学我比较赞成大课间和阳光体育中运用。本节课中协同教学效果不是特别明显,作用发挥不是特别大。

第二,关于周老师这节课我觉得以下几点做得特别好:一是学生的课堂常规好。课一开始,学生的口令、踏步都特别整齐、精神,反映了平常教学课堂常规抓得扎实。二是教师鼓励好。激励性语言的运用很及时,能鼓舞学生,引导学生积极参与学习,有感染力。三是关注度。教师很注重关注学生的个体,周老师观察到了一个胖胖的学生,还请他出来做示范,虽然他跳得不是特别好,但是老师的关注、鼓励,给他展示的机会,全班同学为他鼓掌,我想这对学生的鼓励是非常大的,这一点非常可贵。四是分层教学设计好。让学生自己根据个头大小、力气大小、喜欢的轮胎颜色、重量等选择适合自己的轮胎,这一点处理得也很好。五是运动负荷大。符合新课程的目标要求,练习密度在40%以上,运动强度也很大,一节课下来学生都出汗了,也学到了技术,如果平时的教学也能达到这样大的运动负荷,学生的身体素质不会差。

对于这节课我谈谈几点建议:第一,准备活动可以改良设计,让学生自由玩轮子,放开一些。第二,用轮子练习跳进跳出,不利于摆臂动作的发展,不够协调,可以让学生慢一点跳,一个一个地跳,不要链接得太快。第三,游戏再多一些,多一些互动性的语言,比如说让学生的轮子滚得直,可以设计成谁的轮儿滚得直,谁的轮儿停得准,这样更有利于学生推轮子的技术动作掌握。第四,在素质练习中,可以让学生配合老师喊的节拍,老师喊"1、2、3",学生喊"站"。

主持人:周燕老师的评课很全面具体,下面我们请季老师评课。

季老师:我是一名中学教师,今天有幸听到一节非常不错的小学体育课,我觉得这节课的优点有很多:第一,课的细节和环节中渗透思想品德教育,课堂常规、教师激励这些细节的处理都非常好。第二,教师的言传身教、认真教学对学生体育锻炼习惯的养成有好处。第三,课的核心价值把握准确:运动负荷合理,内容丰富,从准备活动跑步热身,到做操、跳、滚、素质立卧撑、游戏等充分考虑到学生上下肢各方面的身体素质,内容安排合理,也达到了预期的运动负荷。第四,两位老师有热情、有真情,感染到学生。

另外我谈几点建议:第一,激情有但还不够,游戏的方法可以再多一些,素质练习可以定个空间10—20个,让学生根据自己能力来做。第二,给学生一些自由度,严而不乱、不乱而活泼。第三,对于协同:由哪一位教师来协同?应把学生的积极性调动起来,结合实际,让生与生之间协同互动起来,师与生、生与生、生与器材,在空间和时间上协同起来。

杨老师:以上两位老师的评课都很具体了,我就简单地说三点。第一,双脚连续向前跳手臂是否要强调?主教材练习的时间偏短。第二,关注小朋友,从几个方面考虑到学生个体差异。第三,教学设计方面:学习目标比较规范,课题和水平段、领域目标不规范,教学流程的表述方式不够规范,练习密度和运动指数预计合理。

主持人:特级教师的评课风格就是与众不同,相信盛泽实小的体育老师们都会觉得很有收获。下面评第二节课,小沈老师先来交流一下你这节课的构思和感想。轮滑课,这是我们迄今为止第一次看到上轮滑课的,应该算是你的独家专长啊!(全场响起笑声)

沈利:各位专家好,我简单地讲一下这节课的设计思路,有三点:第一,一切从简,从简单到复杂,再从复杂到简单,不要上得多么复杂。第二,精讲多练:精讲不代表少讲,讲得要恰到好处。第三,品德教育,注重安全,互帮互学。我希望多留些时间给专家们多提提意见。

主持人:还是按照第一节的程序,先请盛泽实小听课的老师来说说听课感想。

钱明:轮滑课的确是很少能看到的,沈利老师执教的是体育校本教材,这个教材学生非常感兴趣。今天这节课的内容我觉得稍微简单了点,大部分学生一学就会,但是有些学生因为体重、身体协调能力、胆子小等原因掌握得不是很好,在学习分层上表现不突出。技术熟练和不熟练的在圈数上如何差别对待?我建议在学生分组上不同层次、不同组块、好与差的互帮互带,单蹬双滑的技术还没完全展现出来,也可以说是展示得不明显。

计月华:这节课和轮胎这节课相比,倒是更适合协同教学,轮滑学生活动的范围大,一个老师兼顾起来有难度,这时候如果有个协助教师在圈中间辅导掌握技术有困难的学生,另外一位老师就能关注到学得快的学生,给他们更多练习空间,这样效果也许会更好。

沈华:沈利老师是一位非常敬业、非常认真的老师,他的轮滑很受学生喜爱,每天下午他的轮滑训练,学生很多,滑得很认真。沈利老师的训练手法也是多样的,学生非常积极。每天放学一直坚持到下午5点以后,很多家长很愿意在场外等,没有人有怨言,家长们都非常支持,有的家长还做一些协助,鼓励学生,我想这些都是对沈利老师的认可。

主持人:很好!几位老师都能讲讲自己的感受,以后就要这样大胆地讲,讲对讲错没关系,对的借鉴,错的改进。好,再次给他们掌声。接下来我们听听专家们的评课。

郭建明老师:沈老师的课符合一到六年级小学体育特色校本教材,课的教学循序渐进、密度高、效果好。我从四个方面提建议:第一,教学目标中支撑腿三点一线,学生做得不够或者不到位,应选择有效改正的方法。第二,安全环节。大家都知道体育课安全是非常重要的,场地上用正方形的队形是否合适?学生手拉手的游戏是不是存在安全隐患?第三,示范、展示后如何面向全体学生分层?学得好的一蹬5滑5米,马马虎虎的3米……应设立不同的标准让学生去挑战。第四,情意表现。学生都乐于展示,如果把游戏改成4人接力,面对面,学生单个滑过去击掌下一个启动,再拓展成4人搭肩,这样循序渐进地进行效果会不会更好?沈老师可以再尝试一下。

沈利:谢谢郭老师的指导,我一定会把存在的问题改掉,再去实践,再提高。

主持人:郭老师是小学特级教师,所以对小学体育课的评课具有权威性。下面我们来听听中学特级教师袁老师评课。

袁老师:盛泽实小几位老师和郭老师的评课意见和建议我也赞同,我提几点建议:第一,学习目标的设计与达成要具体、明确、一目了然,应有相对应的方法和手段。第二,保护措施的落实。每个学生都应有护具,学会摔倒如何及时处理的方法、自我保护的方法等。第三,技能目标主线如何教?如何体现分层?可以先集中学习,再自主尝试(两人、小组合作互助等方式),发现问题,集中讲解,再练习、再提高。第四,游戏要细化。领队的同学如何安排?转弯大缓冲范围也要大,也可以采用不同的图形等设计游戏。

主持人:沈利老师能把郭老师和袁老师的建议进行归纳,再上这节课肯定大有不同啊。下面请高老师来提提意见。

高老师:我从校本教材的角度来谈谈,一是校本教材与校本课程不同,轮滑我建议用校本教材更合理一些。它必须有四个要素:目标、内容、实施、评价。二是建议参看江苏省小学体育与健康教材的格式,规范制定年度计划、学期计划、单元计划和备课,制定教学目标和教学评价标准。

主持人:三位特级教师的评课,各自的侧重点不同,说得都很到位。下面我们有请资深教研员来综合地评价一下两节课。

教研员:看了这两节课我的感触很多,我觉得盛泽实小的体育老师是好样的,用四句话简单评价这两节课的共同特点。第一,有创新、有突破。渗透自主探究、合作探究,协同教学模式本身也是一种创新,课的设计符合儿童身心发展规律,符合儿童的兴趣爱好。第二,敢挑战、难度大。不论是轮胎还是轮滑,这两个教材的难度都非常大,教学方法的运用敢于挑战,这种精神非常值得敬佩。第三,教法新、效益好。循序渐进完成教学内容,学生的即时心律达到150次/分以上,密度高,强度大。第四,采用较多的手段进行限制性教学。轮胎限制了落地的准确性,提高了跳起来的高度,五颜六色的轮子也很吸引学生注意力。

主持人:下面我们有请不是体育教师出身,但是多年来一直参与并管理体育的资深教研员李老师来谈谈。

李主任:看了两节课、听了实小老师的介绍和大家的评课,我有两个想法:

第一,如何理解校本课程与校本教材的区别?校本教材是国家课程的校本开发。

第二,关于协同教学:它的内涵和外延,它与自主教学、合作教学的区别在哪?体会到实验小学体育靠前指挥,立体协同,深度理解苏式课堂的建构。

主持人：今天下午的指导活动，虽然时间较短，但是非常务实。通过今天各位专家的指导，盛泽实小体育教师经历了一场头脑风暴，听完之后，在行动上有新的举措，在课堂教学上有新的方向，在创新上更加有信心。我布置下一次导师团来指导的任务：第一，全辅导区全体体育教师人人开课。第二，体育课堂从以下两个方面来重点研究：一方面是小学体育如何激发孩子的兴趣，另一方面是如何根据教材和器材设计科学的教学手段，提高课堂教学效果。我宣布今天的活动圆满结束。

参考文献

［1］潘绍伟，于可红.学校体育学[M].北京：高等教育出版社，2006.

［2］崔允漷.有效教学[M].上海：华东师范大学出版社，2009.

［3］柴娇.我国中小学体育课堂教学设计研究[M].北京：北京体育大学出版社,2010.

［4］钟启泉.课堂研究[M].上海：华东师范大学出版社，2016.

［5］毛振明，吴键，马铮.体育教学模式论[J].体育科学，1998，18(6)：5—8.

［6］黄竹杭，郭炳颜，高凤楼.体育教师教学风格构成因素的研究[J].西安体育学院学报，2002，19(3)：87—89.

［7］姚蕾.体育教学环境的构成要素、功能与设计[J].北京体育大学学报，2003，26(5)：650—651.

［8］赵俊荣.高等师范院校学生体育态度变化的实证研究[J].天津体育学院学报，2006，21(1)：92.

［9］邵伟德，刘忠武，李启迪.体育教学目标论[J].北京体育大学学报，2012，35(9)：96—101.

［10］沈玉芬.一课三磨：教师专业成长的校本教研模式[J].江苏教育研究，2014(23)：15—18.

［11］林崇德.学生发展核心素养：面向未来应该培养怎样的人？[J].中国教育学刊，2016(6)：1—2.

［12］赵凤霞，程传银，张新辉，等.体育核心素养模型构建研究[J].体育文化导刊，2017(1)：154—159.

后　记

"一个人可以走得很快,但一群人可以走得更远",每一个人在成长之路上都离不开身边伙伴的帮扶,九十年代初,我踏上工作岗位至今将近三十年,巧合的是这几十年里,不同的伙伴给了自己不同的成长经历:方向、积淀、突破。

九十年代的盛泽小镇,充满改革的氛围,东方丝绸市场的火热交易,处处可见生意伙伴的身影,我所工作的单位———一所弄堂实验小学也开启了教育科研,借助华师大专家团队,成立了由一批有教育情怀的教师形成的伙伴团队,这里有以薛法根为代表的一批青年教师组成的伙伴团队在寻找教改路上的方向。我是一名体育教师,那个年代基础学校体育教师搞科研的基本没有,我属于"头脑简单,四肢也不发达"类型,在伙伴的引领或是潜移默化下,自己也慢慢开始研究小场地体育训练,中学教师如何适应小学课堂教学,等等,学着专家的样子,翻开各种关于小学教学、儿童心理学等书籍苦苦阅读,不再把繁重的工作看作是负担,从儿童的角度去看待这群叽叽喳喳的孩子,慢慢地学会站在儿童的立场思考自己的教学,立足孩子的发展改进自己的教学。

社会对体育的认识和理解有一个过程,过去我们认为体育就是强身健体,注重比赛的输赢结果,现在对体育的认识不仅仅是输赢,更是通过竞技,激励自我,超越自我,实现梦想的体验。

奥林匹克之父言"体育也是教育,体育不仅仅是一种娱乐,一种竞赛,更是青少年素质教育的重要组成部分"。

　　体育是有知识、有科学、有技术、有规则、有对手的游戏,体育让参与训练竞技的人学会自立自强,学会如何尊重规则,也学会建立一种团队精神,这也正是现代体育机制的基础,所以现代体育需要一个体育运动的平台。

　　体育不是一个简单的健身活动,现代体育不是传统中国那种养生之道,也不是追求健康长寿。在现代体育活动中,青少年可以积累与人之间的交往能力,学会团队合作,增强心理承受能力,在体育运动中体悟体育的魅力,感受到快乐,最终帮助青少年获得强健的体魄和健全的人格,全面提升他们的核心素养之身心健康。现代体育不是孤独的自我运动,需要一个开放的平台,开放的平台就需要协同,创设体育协同教学模式,整合或融合青少年生活中的经验、知识,让体育成为青少年素质教育的主要组成部分,让体育成为青少年生活的重要组成部分。

　　2012年,江苏省学校体育全面剖析前一轮十年的教改成果,一致认为体育要回归体育,体育课堂必须要有实效,恰逢学校被江苏教育厅列入农村学校学生体质监测试点学校,于是有了与孟文砚教授、周兵教授、倪晨瑾特级教师等高校专家与江苏体育名师接触的交流机会,结识了一批江苏学校体育界的大咖伙伴。

　　与专家名师相处,我喜欢静静地听,积极地想,从课堂教学实践的探寻、积淀开始思考教学理想与主张的生成,从实践到理论,从理论再回到实践,是一次蜕变。学校校长薛法根给予了极大的帮助,从语文学科的教学帮我分析引导体育学科的教学,"教学生不会的,教学生生活需要的,教学生六年要想到学生的六十年"这些质朴的教学思想让我的课堂教学再次蜕变,深深地体会到教学设计要从关注学生起点开始,要让学生在课堂上的学习真正发生,以学定教;教学过程要关注学生的个体差异,顺学而导;教学的目标要立足学生长期发展,知道课堂需要教学生什么,怎么去教,教了以后会有什么样的效果。

十五年的课堂教学实践虽然能让我在课堂教学中如鱼得水,但没有自我个性的理论支撑,教学实践就停留在一个坡度上,不上就下,于是,实践—理论—实践,我开始了又一次的自我教学理论探寻、积淀之路:向身边的同事学习教育科研方法,通过网络找来省特级教师倪晨瑾、俞向阳等名师的研究成果进行研究,2012年、2013年这两年里,大多的晚上都用来研究、撰写专业论文,两年里在《江苏教育研究》《小学教学》《新课程导学》《课程教育研究》《教师》等省级以上刊物发表了十余篇专业论文,有了自己教学主张理论的支撑,再回到教学的实践,对课堂的认识再次上了一个坡度,2013年独立提出的"组块教学理念下,小学体育协同教学模式"顺利立项,为江苏省教育科学规划重点课题,在伙伴的引领下让自己完成了一次蜕变。

梅花香自苦寒来,厚积总有薄发时,2014年我参加了江苏省小学体育教学设计比赛,有了自己的教学主张,在教学设计中有了自己独特的思想,教学设计获得了江苏省一等奖。读书是培养独立思考的重要途径,"教师"是职业,就必须要阅读专业的书籍,而且需要深度的阅读,才能探寻教育的规律,与名特优师这些伙伴的交流与探讨可以让自己站在高人的肩膀上,向着自己的目标攀登。《科学的预设,艺术的生成》《体育教学专业技能》《读懂课堂》《教育究竟是什么》《跨学科协同教育研究》等等,专业的阅读,在实践中反思,让自己形成了一种职业敏感性,总是把生活中常见的与体育教学关联起来,"协同、质朴、简约、实效"的教学主张日趋完善起来。2015年,我带着自己的教学主张,参加了江苏省小学体育评优课比赛,获得了一等奖。

真正的教育从来不是把一群孩子都培养成社会的精英,不是鼓励相互竞争。生活不是这样清晰而直接的,它更像是一片夜里的森林,为了走出森林,只能合作,并从合作中体味生活的意义。这才是教育最有价值的东西,才是学校、家庭最应该去塑造、去培养孩子的着力点,才是一个人最应该具备的品质。

体育更是教育,伙伴之间的协同合作意识、荣誉感,让学生体验成功与失败,学会如何体面地去赢,输得有尊严。小学到大学,是一个人最重要的成长阶段,在这阶段里,学生塑造了人格、体格、性格,培养了情商、智商、动商,树立了责任与担当意识,体育在这阶段,扮演着重要的角色。

教育需要伙伴,我很庆幸自己有一批伙伴陪伴成长,薛法根、孟文砚、周兵等学界大咖在我专业发展上给以了伙伴引领,我更加要感谢的是我高中的老师,吴江区教育学会会长沈正元先生,在他的亦师亦友的伙伴陪护引领下,才有了这本专著,一日为师,终身为师!

曹 忠

2020年5月